산업의
추격, 추월, 추락

산업주도권과 추격사이클

KI신서 5780

산업주도권과 추격사이클
산업의 추격, 추월, 추락

1판 1쇄 인쇄 2014년 11월 13일
1판 1쇄 발행 2014년 11월 20일

지은이 이근 박태영 등
펴낸이 김영곤 **펴낸곳** (주) 북이십일 21세기북스
부사장 임병주
출판개발실장 주명석 **국내기획팀** 남연정 이경희
디자인 표지 김수아 **본문** 윤인아
영업본부장 안형태 **영업** 권장규 정병철
마케팅본부장 이희정 **마케팅** 민안기 강서영 이영인
출판등록 2000년 5월 6일 제10-1965호
주소 (우413-120) 경기도 파주시 회동길 201(문발동)
대표전화 031-955-2100 **팩스** 031-955-2151 **이메일** book21@book21.co.kr
홈페이지 www.book21.com **트위터** @21cbook
블로그 b.book21.com **페이스북** facebook.com/21cbooks

산업의
추격, 추월, 추락

산업주도권과 추격사이클

이근, 박태영 외 지음

21세기북스

최근 중국의 급속한 한국 추격 및 추월에 따라 한국 산업의 위기에 대한 논의가 활발하다. 본서는 바로 이 문제 즉, 각 산업의 주도권 혹은 주도 기업이 왜 한 나라에 머무르지 않고 다른 나라로 계속 이전되는가를 다루고 있다. 가령, 철강 산업은 미국이 주도하다가 일본을 거쳐 한국으로 왔으며 최근 중국이 부상하고 있다. 휴대폰 산업 역시 미국의 모토로라가 아날로그 휴대폰을 발명한 이후 주도권이 핀란드의 노키아로 갔다가 2012년 이후 한국의 삼성이 세계 1등 기업이 되었고, 최근 중국의 도전을 받고 있다. 조선 산업도 유럽에서 일본을 거쳐 한국으로 왔으며 중국이 등장하고 있다.

이 책은 이와 같은 산업 주도권의 국가 간 이전 현상을 설명하기 위해 추격 사이클 이론이라는 새 이론을 제시한다. 즉, 선발자의 사이클

이 있다면, 후발자가 등장하여 선발자를 시장에서 몰아내고, 또 이 후발자는 그 이후에 등장한 차세대 후발자에게 다시 자리를 내주는 통상적 사이클이 그것이다. 여기에 추가하여, 후발자가 추격에 실패하는 반쪽 사이클이나 선발자가 계속 주도권을 유지하는 경우인 수퍼사이클 super cycle도 같은 이론 틀에서 설명이 가능하다.

이러한 산업 주도권의 연속적인 변화를 설명하기 위해 본서는 '기회의 창'이라는 개념과 추격의 세 가지 유형(경로 추종형, 단계 생략형, 경로 창출형)을 결합한 이론적 분석틀을 제시하였다. 기회의 창의 예로 새로운 기술 혁신이나 새로운 기술-경제 패러다임의 등장, 경기순환 (불황)과 시장 수요의 변화, 정부나 규제의 역할 등을 고려했다. 이런 기회의 창들이 후발자의 적절한 전략과 선발자의 자만과 맞물릴 때 시장 역전과 비약 leapfrogging이 발생한다는 것이다. 가령 디지털 패러다임이 등장하지 않았더라면, 아날로그 패러다임의 강자인 일본이 구 패러다임에 오래 머무르는 '승자의 함정'에 빠지지 않았을 것이라는 점에서, 이 새 패러다임에 먼저 올라탐으로서 승기를 잡았던 한국에게는 이 새 기술이 중요한 기회의 창이었고, 이것이 없었더라면 한국의 일본 추격은 영원히 불가능하였을 것이다.

이 책에서는 이 추격 사이클 이론을 휴대폰, 게임, 휴대용 음악 재생기, 반도체, 자동차, 철도, 제약 등 여러 산업에 적용하여 분석한다. 가령 철강 산업에서, 미국에서 일본으로의 주도권 이전은 새로운 공법의 출현 이후 이의 도입에 미국은 지체하는 반면, 이를 빨리 도입한 일본이 주도권을 장악하는 과정이라고 설명될 수 있으며, 결국 기술 패러다임 변화가 기회의 창으로 작용해 발생한 경로 창출형 추격이었다. 반면에 일본에서 한국으로의 주도권 이전에서 한국에게 기회의 창은, 진입 단계(70년대)에 발생한 철강 산업의 불황에 따라 철강 설비를 싸게 구입할 수 있었다는 측면, 즉 비즈니스 사이클의 불황기가 기회의 창으로 작용하였고, 도약기(80년대 중반)에는 역시 오일쇼크에 따른 불황기에 포스코가 가장 최신 공법 및 설계를 채택한 광양 제철을 신설함으로서 단계 생략형 추격을 한 것으로 설명할 수 있다.

이 책은 왜 기존 선도기업이 결국 쇠퇴하거나 추락하는지, 한편으로는 어떻게 후발기업이 선발기업을 추격하고 추월할 수 있는지에 대한 메커니즘을 분석하고, 각 장 및 결론에서 실천적인 전략과 정책 시사를 도출해 냄으로써, 최근 중국의 급속한 추격으로 인해 주도권 유지에 고심하고 있는 한국의 주요 산업에 여러 시사점을 제시하고 있다.

이 책은 이근 교수와 경제추격연구소를 중심으로 한 연구자들이 지난 20년 동안 천착해온 경제 추격에 관한 일련의 연구 결과물 중의 하나이다. 이근 교수 그룹은 1995년에 『과학과 기술의 경제학』이라는 역서를 최초의 공동작업 성과물로 낸 이후, 1997년에 『한국산업의 기술능력과 경쟁력』, 2001년에는 『지식정보혁명과 한국의 산업』이란 책을 역시 공동작업으로 내었다. 2007년에는 이근 교수 단독으로 『동아시아와 기술추격의 경제학』을 낸 바 있다. 보다 최근에는 2008년에 『기업 간 추격의 경제학』(21세기북스)을, 2013년에는 『국가의 추격, 추월, 추락』(서울대학교 출판부)을 출간했다. 경제 추격에 대한 연구가 기업, 산업 및 국가라는 세 가지 차원에서 진행된다고 할 때, 앞의 최근 두 책이 각각 기업과 국가 차원의 연구라면, 본서는 산업 차원의 연구라 하겠다. 이로써 세 차원의 추격 연구가 일단락되었다고 볼 수 있다.

이 책을 구성하는 원고들은 이근 교수의 2011년 경제추격론 수업을 계기로 초고들이 작성되기 시작해, 몇 개 산업이 선별되는 과정을 거치고 원고가 추가되어 올해 초에야 전체 원고가 완성되었고, 이후 보완을 거쳐 이제야 나오게 되었다. 그동안 이 작업을 계속 붙들고 온 박태영 교수와 기지훈 박사과정생 등 여러 공저자 여러분의 인내와 수고에 심심한 사의를 표하는 바이다. 그동안 추격연구소를 후원해주시고, 지난번 『기업 간 추격의 경제학』에 이어 이번에도 기꺼이 출판을 맡아준 21세기북스의 김영곤 대표께 깊은 감사를 드리는 바이다. 실무 작업을 진행해준 21세기북스의 남연정 대리 등 관계자 여러분께도 감사를 드린다.

차례

1장

산업 주도권 이동과 추격 사이클 이론[1]

이근(서울대학교)
기지훈(서울대학교)

들어가며

자본주의의 역사를 돌이켜보면 후발자latecomer가 선발자incumbent를 따라잡고, 선발자에서 후발자로 산업 주도권이 이동하는 현상이 여러 산업에서 종종 관찰된다. 철강 산업이 대표적인 예다(Ki 2010, Lee and Ki 2014). 1890년대 영국을 제치고 세계 최대 철강 생산국으로 올라선 미국은 1950년대 초까지 전 세계 철강 생산량의 40퍼센트 이상을 생산했다. 이후 철강 산업 주도권은 1960~70년대 빠르게 성장한 일본 철강 산업으로 이동했다. 1980년대는 POSCO를 중심으로 한 한국 철강 산업이 급속도로 성장했고, 1990년대 후반 한때 POSCO는 일본 최대 철강사 신일본제철[2]을 제치고 세계 최대 조강粗鋼 생산량을 기록하기도 했다. 1990년대 후반부터는 중국의 철강 산업이 급속도로 늘어나는 내수를 바탕으로 빠르게 성장하고 있다.

조선 산업에서도 산업의 주도권 이동을 관찰할 수 있다. 1940년대까지 미국이 가지고 있던 주도권은 1950년대 영국, 60~90년대 일본, 그리고 그 이후에는 한국으로 이동했다. 그러나 최근 들어서 중국의 조선사들이 빠른 속도로 성장해 한국 조선사들이 차지하고 있는 주도권을 위협하고 있다. 자동차 산업에서도 비슷한 산업 주도권 이동이 있었는데, 독일에서 미국으로, 그리고 일본으로 주도권이 이동했다. 최근에는 중국이 부상해 2009년부터 중국은 자동차 생산량 세계 1위에 등극

했다.

　일반적으로 선발자가 후발자보다 기술력이나 마케팅 능력 면에서 더 뛰어나다는 점을 고려하면, 선발자가 산업 주도권을 유지하는 것이 자연스럽게 보인다. 그러나 많은 산업에서 후발자가 선발자를 추격해 산업 주도권을 획득하고, 또 이 후발자 역시 새로운 후발자에게 추월을 당해 주도권을 빼앗기는 현상이 벌어진다. 왜 이런 현상이 반복해서 발생할까?

　Ki(2010)에서 제기되고, Lee and Malerba(2014)에서 보다 체계적으로 제시되었듯이, 이 현상을 '추격 사이클catch-up cycle'이라고 명명하고, 이를 설명하는 이론적 틀을 제시해 여러 산업 분야를 다루어 보고자 한다. '추격'이란 표현은 Abramovitz(1986)의 유명한 논문 「추격, 추월, 그리고 추락」에서 처음 사용되었는데, 누가 추격한다는 것은 누군가가 추락하고 있다는 것을 의미하기에 추격과 추락은 상대적 개념이다(이근 외 2013).

　추격 또는 산업 주도권 이동 현상에 관련된 이론으로는 제품수명 주기설(Posner, 1961, Vernon, 1966)과 이윤수명 주기설(Markusen, 1985)을 들 수 있다. 그러나 이 이론들은 산업 주도권 이동에 대해 부분적으로 설명할 뿐이다. 제품수명 주기설은 선진국 기업이 생산 시설을 생산 비용, 특히 임금이 낮은 국가로 이동시켜 생산을 지속한다고 설명한다(Vernon 1966). 그런데 거기서 그치고 있다. 후발국가의 토착 기업이 해당 산업에 진입해 생산을 확대하고, 선진국의 기업 제품과 경쟁해 시장을 획득하는 현상은 설명하지 못한다. 더구나 기업 차원의 이론이어서, Mowery and Nelson(1999, 11, 13쪽)에서 지적하는 바와 같이 산업 차원이나 제도 차원의 요소들 및 그것들 간 상호작용을 고려하지 않는다. 한편, 이익수명 주기설은 한 국가(미국) 안에서 지역 간 산업의 중심 이동을 설명하는 것이 목적이기 때문에 국가 간 산업 주도권 이동을 설명하는 데 적합하지 않다.

후발국가의 기업이 단순히 성숙된 제품을 모방하는 데서 그치지 않고 보다 혁신적인 새로운 제품을 개발해내고, 결국 산업 주도권을 잡는 현상을 어떻게 설명할 수 있을까? 산업 주도권의 연속적인 변화를 설명하기 위해 우리는 '기회의 창Windows of Opportunity'이라는 개념과 Lee and Lim(2001)에서 제시된 추격의 세 가지 유형(경로 추종형, 단계 생략형, 경로 창출형)을 결합한 이론적 분석틀을 제시한다.[3] 이 분석틀을 '추격 사이클 이론'이라고 명명한다.

기회의 창 개념은 Perez and Soete(1988)에서 도입되었는데, 새로운 기술-경제 패러다임의 등장이 후발자의 비약을 가능하게 하는 기회의 창 역할을 한다는 것이다. 즉, 후발자는 새로운 패러다임을 기회로 활용해 새로운 기술에 선제적으로 투자함으로써 기존의 기업(선발자)들을 추월한다는 것이다. Lee, Lim and Song(2005)의 연구에서는 이 개념을 이용해 1990년대 소비자 전자제품 시장에서 후발자였던 한국기업들이 디지털 시대의 도래를 기회로 삼아, 아날로그 기술을 붙들고 있다가 타이밍을 놓친 일본기업들을 추월했던 현상을 설명했다.

두 번째 기회의 창은 경기순환 특히 불황기를 들 수 있다. 경기가 불황일 때는 기존기업은 고전하는 반면 신규 진입자는 평상시보다 낮은 진입 비용의 이점을 누릴 수도 있다(Lee and Mathews, 2012, Mathews, 2005). 또 다른 기회의 창은 산업에 대한 정부 규제의 변화 또는 정부의 개입으로 열릴 수 있다. Guennif and Ramani(2012)는 인도 제약 산업에서 정부 규제의 변화가 자국 기업에게 어떻게 기회가 되었는지 분석했다. 중국의 통신 장비 산업(Mu and Lee 2005), 한국과 대만의 하이테크 산업(Lee and Lim, 2001, Mathews, 2002)에서의 추격 사례에서도 정부의 역할은 두드러졌다. Lee, Mani and MU(2012)는 중국과 한국의 전화 교환기 개발 과정과 브라질과 인도의 개발 과정을 비교해 각 정부의 역할이 다른 결과를 가져왔음을 보였다. 전자의 경우 개발 초기의 성공이 지속되었고, 후자는 그렇지 못했다.

여기서는 개별 산업 주도권 이동 과정을 설명하기 위해 산업 혁신시스템(Malerba, 2004)의 개념을 차용한다. Malerba의 산업별 혁신시스템은 네 가지 요소로 구성된다: (1) 지식기술 체제, (2) 수요 조건 및 시장 체제, (3) 기업과 정부와 같은 경제 주체의 역할과 그들의 상호작용, (4) 각종 규제와 제도(교육 제도, 자본 시장, 지적재산권 제도, 법, 문화 등)의 역할. 산업 내에서 이 요소들은 서로 상호작용을 통해 다양한 형태의 선별과 공진화 양상을 나타낸다. 위에서 설명한 세 가지 기회의 창은 산업별 혁신시스템의 각 요소에 대응된다.

중요한 점은 새로운 기술-경제 패러다임은 항상 나타나기 마련이며, 경기순환에 따른 불황기도 반복해서 찾아온다는 점이다. 즉, 새로운 기회의 창은 항상 열린다. 따라서 산업 주도권의 이동과 후발자의 추격은 반복해서 나타날 수밖에 없음을 예상할 수 있다. 선발자의 특별한 실수 없이도 산업 주도권은 이동하는 경향이 있다는 것을 뒤이어 나오는 사례 연구에서 보일 것인데, 이를 통해 반복적인 산업 주도권 이동과 후발자의 추격은 거의 법칙과 같이 발생함을 알 수 있을 것이다. 또한 기회의 창이 모든 후발자에게 동일하게 주어졌음에도 불구하고 어떤 후발자는 기회를 활용한 반면, 다른 후발자들은 그렇지 못한 원인에 대해서도 분석한다.

다음 절에서는 기존의 이론들을 고찰하고, 추격 현상을 분석하는 데 더 유용한 새로운 이론적 분석틀을 제시한다.

**추격 사이클
이론**

기존 이론 비판과 새로운 이론의 탐색

산업 주도권 이동 현상에 관련된 이론으로는 제품수명 주기설(Posner, 1961, Vernon, 1966)과 이윤수명 주기설(Markusen, 1985)을 들 수 있다. 제품수명 주기설은 제품도 인간처럼 수명 주기life cycle를 가지며, 제품의 수명 주기는 도입기-성숙기-표준화기로 이루어진다고 주장한다. 생산 비용을 국가 간 비교 우위를 결정하는 주요 요소라고 보고, 제품의 수명 주기를 따라 생산 지역이 선진국에서 개발도상국으로 이동한다고 보았다. 구체적으로는, 선진국 기업이 생산 시설의 입지를 생산 비용, 특히 임금이 낮은 국가로 이동시키되 생산의 주도권을 계속 장악한다고 보았다(Vernon 1966). 그런데 이 이론은 여기서 그치고 있어서, 후발국가의 토착 기업이 해당 산업에 진입해 생산을 확대하고, 선진국 기업 제품과 성공적으로 경쟁하면서 시장을 장악해가는 현상은 전혀 고려하지 못하고 있다. 그도 그럴 것이 이전에는 그런 현상이 나타나지 않았기 때문이다. 더구나, 후발국가의 기업이 직접 표준화된 제품이나 모방한 제품을 생산하는 단계를 넘어 혁신적인 새로운 제품을 개발해내는 것은 전혀 상상하지 못했다.

즉, 제품수명 주기설은 산업 주도권 이전을 설명하는 것을 주 목적으로 하고 있지 않으며 단순히 생산 기지의 이동을 설명하고 있다. 이 이론에 대한 Mowery and Nelson(1999, 11, 13쪽)의 비판은 세 가지로 요약된다. 첫째, 제품수명 주기설은 이론의 이름이 의미하는 것처럼 '제품'에 관한 이론이다. 하지만 한 산업은 수많은 제품을 포함하고 있다. 둘째, 이 이론은 제품 또는 기술의 '단 한 번'의 수명 주기를 설명한다. 그러나 대부분의 산업은 단 하나의 제품이나 단 한 번의 기술 세대로 이루어진 것이 아니며, 새로운 제품·기술 세대가 반복해서 등장한다. 마지막으로, 이 이론은 산업과 제도적인 요소 간 상호작용을 고려하지 않는다. 하지만 바로 이런 상호작용은 산업 주도권 이전을 결정짓는 중요한 요소들이다.

이윤수명 주기설(Markusen, 1985)은 미국 내에서 어떤 한 산업이 발전해 감에 따라, 산업의 중심이 되는 지역이 이동하는 현상을 설명하는 이론이다. 이 이론은 혁신과 자본주의의 메커니즘에 대한 슘페터Schumpeter와 막스Marx의 이론, 제품수명 주기설, 그리고 과점적 행동에 관한 이론을 결합한 이론이다. 이 이론은 한 산업의 발전 과정을 다섯 단계로 나타낸다: 무이윤-거대 이윤-보통 이윤-약간 이윤 또는 손실-손실. 그러나 두 가지 관점에서 이 이론은 산업 주도권의 이동을 설명하는 데 적절하지 않다. 첫째, 이윤은 산업 변화의 원인이라기보다는 기업 활동의 결과이다. 둘째, 이 이론은 산업의 발전 과정에서 과점의 영향에 초점을 맞추고 있다. 그러나 국가 차원의 관점이 아니라 전 세계적 관점에서 산업을 고려할 경우, 다른 국가에서 해당 산업의 새 기업이 등장하는 현상은 과점과 관련지어 설명하기 어렵다.

위에서 언급한 기존 이론의 한계를 극복하는 새로운 이론은 하나의 제품 또는 기술을 설명하는 것에서 그치지 않고, 산업 차원의 요소들과 국가 차원의 제도, 또 이들 간 상호작용을 포함해야 한다. 다시 말해서 동일 산업 내에서 다른 국가에 속한 기업 간 경쟁을 다루기는 하지만, 필요한 것은 기업 차원이 아닌 산업 차원의 이론이다. 그래야 기술적 특성, 시장 수요 측면, 제도 및 다양한 경제 주체들의 역할(기업 전략, 정부 정책 등)을 포괄적으로 고려할 수 있다. 국가 간 비교를 위해 산업 차원의 변수와 성과를 비교하지만, 필요에 따라서는 기업 차원의 변수, 특히 선도기업 차원의 변수를 국가 간 비교할 수도 있다. 이와 같이 비교하는 차원을 유연하게 두는 까닭은 국가의 규모가 크게 다른 경우는 산업 차원의 비교가 적절하지 않을 수 있기 때문이다. 예를 들어, 한국과 중국은 국가 규모가 크게 다르므로 이들 간 철강 산업 전체의 성과를 비교하는 것은 적절치 않다. 그 대신 대표기업 혹은 선도기업만을 비교할 수도 있다.

새로운 이론을 모색하는 시작점으로 국가별 혁신시스템과 산업별 혁신시스템을 삼을 수 있다. Malerba(2004, 2002)는 혁신시스템에 관한 연구(Edquist, 1997), 국가별 혁신시스템 연구(Freeman, 1987, Lundvall, 1992, Nelson,

1993), 기술 체계라는 개념(Callon, 1992, Carlsson and Stankiewicz, 1991, Hughes, 1987)을 바탕으로 산업별 혁신시스템이라는 개념을 고안했다. 이 이론에서 산업은 공통된 지식기반을 공유하는 활동들의 집합체 혹은 주어진 시장 수요를 충족시키는 연관 제품군에 의해 묶인 활동들의 집합체로 보았다. 동일 산업 내 기업들은 일정의 공통점을 갖는 것과 동시에 학습 과정이나 학습 역량 면에서 일정의 차이점을 갖는다. Malerba의 산업별 혁신시스템은 (1) 지식기술 체제, (2) 수요 조건 및 시장 체제, (3) 기업과 정부 같은 경제 주체의 역할과 그들의 상호작용, (4) 각종 규제와 제도(지적재산권 제도, 교육 제도, 자본시장 제도, 법, 문화 등)의 역할로 구성된다. 이 요소들은 상호작용하며 다양한 양상의 선별과 공진화를 일으킨다.

Malerba(2004)는 산업별 혁신시스템 분석틀을 선진국의 산업에 적용한 연구서이다. 이 분석틀 전체 또는 개념적인 구성 요소를 개발도상국 또는 후발자의 경우에 적용한 사례로는 Lee and Lim(2001), Lee, Lim and Song(2005), Mu and Lee(2005), Mani(2005, 2007), Lee, Mani and MU(2012)를 들 수 있다. Lee, Mani and Mu(2012)의 경우 중국, 한국, 브라질, 인도의 통신 산업의 사례를 연구했다. 이상의 다양한 연구를 통해 산업별 혁신시스템이 선진국과 개발도상국 모두에 적용할 수 있는 일반성을 가지고 있음을 알 수 있다. 이제 산업 주도권의 반복적 이동을 설명하기 위해, 산업별 혁신시스템의 각 요소와 후발 진입자에게 열린 기회의 창의 관계에 대해 살펴보기로 하자.

세 가지 기회의 창

후발기업 혹은 추종기업에게는 선도기업을 따라 잡을 수 있는, 다음과 같은 세 가지의 기회의 창이 열릴 수 있다(Lee, Park and Krishnan 2014).

첫째는 새로운 기술−경제 패러다임의 등장이다(Perez and Soete, 1988). 새로운 패러다임의 등장은 종종 선도기업과 추종기업이 동일한 출발선 상에 서서 새롭게 경주를 시작한다는 것을 의미한다. 경우에 따라서 선도기업이 자신들이 우위를 차지하고 있는 기존 기술을 최대한 활용하고 싶은 미련을 버리지 못해 주춤거리다가 새로운 패러다임 도입에 오히려 뒤쳐질 수도 있다. 선도기업이 기존의 패러다임에 더 오래 머무르고 싶어하는 경향은 일견 합리적이라고 볼 수도 있다. 기존 패러다임의 선도기업은 대부분 그 패러다임의 초창기에 많은 투자를 했고, 그동안의 투자 비용을 충분히 회수하기를 원하기 때문이다.

한편, 새로이 등장한 패러다임에 대한 조심스러운 태도 역시 이해할 수 있다. 새로운 기술이 향후 기술적 우위성이나 시장성을 갖고 있는가에 대해서는 확단하기 어려운 불확실성이 존재하고, 오히려 처음에는 종종 고비용 기술이거나 저생산성 기술이기 때문이다. 그러나 이와 같은 선도기업의 태도는 동시에 기존 선도기업이 빠지기 쉬운 일종의 '함정'이라고 볼 수도 있다. 즉 기존 패러다임에서의 승자는 해당 산업에서 자신들의 차지하고 있는 지배적인 위치에 도취되어 새로운 기술 또는 제품의 잠재성을 무시하거나 인식하지 못할 수 있다. 잘 알려진 것처럼 1990년대 아날로그에서 디지털 시대로의 전환기에 아날로그 기술의 선도기업인 일본기업들은 아날로그 기술을 더 발전시키고 싶어했고, 그러다가 디지털 패러다임에 먼저 올라탄 한국 가전 기업들에게 주도권을 넘겨주게 되었던 것이다(Lee, Lim and Song, 2005). 즉, 승자의 함정에 빠진 셈이다.

두 번째 기회의 창은 경기순환 또는 새로운 소비자층의 등장과 같은 시장 수요의 갑작스런 변화이다. 이것은 산업별 혁신시스템의 두 번째 구성 요소인 수요 조건 또는 시장 체제와 관련이 있다. 기술−경제 패러다임의 변화와 마찬가지로 경기순환은 반복해서 발생하며, 이러한 반복은 추종기업 혹은 새로운 시장 진입자에게 기회의 창이 된다. 경기순환은 경제학에서 오랜 연구 주제였음에도 불구하고, 경기순환과 기업, 특히 후발기업의 경기순환과 관련한 전략적 선택은 많이 연구되지 않았다. Mathews(2005)와 이를 이은 Lee and Mathews(2012)는 경기순환이 후발자에게 기회의 창이 될 수 있음을 밝혔다. Mathews(2005)는 경기순환이 석유 시추, 화학, 조선, 반도체 산업 등 많은 산업에서 관찰되는 것을 확인했다. 그중에서도 반도체 산업에서의 빈번한 경기순환에 주목했다. 이와 같은 산업들은 단시간 내에 대규모 투자를 해야 한다는 특징이 있다. 이런 산업에서는 투자와 생산 불일치, 공급과 수요 불일치가 존재하고 이런 불일치가 경기순환을 발생시킨다. 따라서 선발자와 후발자 모두 투자 대상 기술과 그 시기에 있어서 전략적인 선택에 주의를 기울여야 한다. 실패할 경우 해당 기업의 침몰로 귀결되기 때문이다.

이러한 경기순환과 기업들의 부침의 관계에 대한 생각은 Schumpeter(1942)로 거슬러 올라간다. 슘페터는 경기순환과 혁신을 연결해 설명하며, 경기순환도 "창조적 파괴creative destruction"라는 물결을 발생시키는 한 가지 요인으로 보았다. 슘페터의 통찰력에 근거해, Lee and

Mathews(2012)는 경기순환 특히 불황기가 후발자로 하여금 산업에 지각변동을 일으킬 수 있는 기회로 작용할 수 있음을 주장했다. 호황기에는 주로 기존에 잘나가는 기업들 중심으로 이윤이 증대하고 생산, 판매, 고용이 확대된다. 그런데 불황기가 되어야 일부 상대적으로 부실한 기업이 파산하는 현상이 발생하고, 이에 따라 이런 적자 기업들로부터 잉여 자원(자본, 노동, 토지 등)이 방출되는데, 살아남은 선발자 또는 해당 산업에 진출을 모색하던 후발자들은 이런 자원들을 낮은 비용으로 이용할 수 있다. 이런 의미에서 Lee and Mathews는 호황기는 선도기업에게, 불황기는 후발자에게 기회임을 주장했다.

"산업의 호황기는 경제적인 번영을 가져온다. 투자가 증가하고 생산, 고용, 수출의 증가가 뒤따른다. 호황기에는 선발자가 그동안의 투자에서 수익을 거둬들인다. 선발자의 전략적인 관건은 설비 확장의 시기를 결정하는 문제이다. 불황기는 '경제적인 정화economic cleansing'의 시간이자 후발자에게 기회의 시간이다. 불황기에 선도기업은 충분한 이윤을 거두지 못한다. 또한 싼 값에 잉여 자원이 이용 가능해지고, 이는 신규 진입자 또는 후발자에게 기회를 제공한다. 더 중요한 것은, 기술이전과 지식 획득이 더 쉬워지고, 더 저렴해진다는 것이다. 따라서 불황기는 빠른 추종자에게는 공급 사슬을 구축하고, 업그레이드할 수 있는 기회가 된다(Lee and Mathews, 2012)."

종합하면, 추격에 있어서 불황기의 역할은 비약의 기회를 제공하는 것이다. 이것이 바로 소위 비약 가설(Perez and Soete 1988)인데, 이는 기술－경제 패러다임의 변화기에 후발자는 기존 기술에 대해 투자하기보다는 새로이 등장하는 기술에 올라타는 기술적 비약을 추구할 수 있다는 점에서 패러다임 변화기가 기회의 창이 될 수 있다는 가설이다.

　세 번째 기회의 창은 정부가 다양한 규제와 후발자에 대한 직접적인 지원을 통해 선발자와 후발자에게 비대칭적인 환경을 조성할 때 열릴 수 있다. 비대칭적인 환경의 의미는 정부가 세제, 산업 진입 허가 및 판매 허용, 보조금과 관련한 규제를 통해 선발자(주로 외국계 기업)를 자국 시장에서 불리한 위치에 놓이게 한다는 것이다. 이런 비대칭적인 환경은 후발자가 뒤늦은 시장 진입에서 오는 비용적인 불리함을 상쇄할 수 있는 계기로 작용한다. 이와 같은 정부의 개입은 공정한 경쟁에 위배되는 바이지만 때론 정당화된다. 선발자도 불공정한 방법을 동원해 후발자의 진입을 막는 경우가 종종 있기 때문이다. Kim and Lee(2008)는 동종 산업에 후발자가 진입하는 것을 막기 위해 선발자가 약탈적인 가격(매우 낮은 가격)을 책정하는 사례를 보고하고 있다. Mu and Lee(2005)는 중국의 통신 산업에서 토착 기업의 외국 기업 추격에 있어서 정부의 역할이 지대했음을 주장했다. Guennif and Ramani(2012)는 정부 규제의 변화가 인도 제약 산업의 성장에 어떤 기회의 창이 되었는지 잘 보여준다.

세 종류의 사이클, 네 가지 단계, 세 가지 전략

앞 절에서 논의한 세 가지 기회의 창은 기업에게는 외부적인 요인이다. 반면, 열린 기회의 창을 인식하고 그것의 가능성을 현실화하기 위해 기회를 활용하는 것은 기업의 역할이다. 이런 측면에서 추격의 과정을 좀 더 살펴보자.

제1단계는 진입 단계인데, 후발 토착 기업의 진입은 다양한 형태를 취한다. 가령, 초기에는 다국적 기업과 합작 회사를 차렸다가 나중에 파트너의 지분을 인수해 본격적으로 토착 회사가 되는 형태가 있는데, 초기에 일본의 산요와 합작한 삼성전자의 경우가 그러했다(Lee and He, 2009). 한편, 국영 기업의 형태로 시작하거나(한국의 POSCO나 중국의 많은 기업의 경우), 민간 기업이 정부의 시장 보호 속에 크게 성장하는 경우(한국의 현대차)가 있다. 후자에 해당하는 기업들은 많은 경우 외국계 다국적 기업에 대해 주문자 상표 부착 생산 방식(Original Equipment Manufacturing, OEM)이나 하도급 계약으로 시작했다. 현대차나 삼성 반도체 초기 시절의 사업이 이런 형태였다. 이런 기업들은 후발자의 장점(최신 기술과 설비 채택, 낮은 노동 비용)을 통해 일정한 비용 우위를 누린다. 이와 더불어 사업 초기 비용 면에서 불리한 점(많은 고정 비용 투자, 규모의 경제를 충분히 누리지 못하는 점, 학습효과가 부족한 점)은 그들이 어느 정도까지 성장할 때까지 정부의 보조금이 필요하다는 근거가 될 수 있다. 이런 방식으로 후발기업은 점진적으로 그들의 시장점유율을 늘려가고 이윤을 확보해나가며, 이 이윤은 다음 기의 투자에 활용된다. 이런 단계가 바로 제 2단계인 점진적 추격 단계라고 볼 수 있다.

이윤의 사내유보는 배당을 선호하는 주주들보다 정부나 가족 경영자처럼 배당금 대신 기업의 성장을 위한 재투자를 선호하는 주주가 있을 때 가능하다. 이런 관점에서 성숙기의 기업 또는 선진국의 기업은 다소 불리하다. 그들은 이윤의 재투자보다 자본 이득이나 배당 같은 단기적인 이득을 선호하는 주주들을 직면하는 경우가 많기 때문이다. 이윤의 사내유보는 어떤 기회의 창이 갑자기 또는 조용히 열릴 때 신속하게 투자 자금을 조달할 수 있는 계기가 되기도 한다. 때로는 새로운 기술에 대한 투자는 민관 공동연구개발의 형태를 취하기도 한다. 한국 디지털 TV 기술의 초기 개발 과정(Lee, Lim and Song, 2005), 메모리 반도체 개발에 대한 투자(Kim, 1997)를 예로 들 수 있다.

후발자의 추격 과정을 보면 초기 비용 우위는 시장점유율 측면에서 점진적인 추격을 가져오지만, 어떤 시점에 새로운 기회의 창이 열리게 되고 이 시점에서의 신속하고 과감한 투자는 산업 주도권에 갑작스럽고 큰 변화를 일으키는 계기가 되는데, 이를 제 3단계인 비약 혹은 추월의 단계라고 볼 수 있다. 이 단계에서 선도기업은 후발자에 떠밀려 추락을 경험하게 된다. 기술-경제 패러다임이나 기술의 세대교체는 언젠가 발생하기 나름이고, 자본주의 경제에서 경기 순환은 빈번하기에 기회의 창은 언젠가 열리기 마련이다. 따라서 산업 주도권의 변화와 후발자의 추격은 반복적으로 발생할 수밖에 없음을 예상할 수 있다. 물론 모든 후발자가 항상 성공적으로 추격하고 주도권을 획득할 수 있다는 것은 아니다. 열린 기회의 창을 활용할 의지가 있고, 활용할 준비가 된 일부의 후발자에게 해당되는 이야기이다. 이 말은 동시에 갑작스런 추락도 가능함을 의미한다. 오늘날의 리더의 몰락은 꼭 그 리더가 큰 실수를 하거나 못해서가 아니라 상대적으로 후발자가 더 잘해서 발생하는 상대적 몰락이라는 양상을 띠기도 한다. 또한 리더가 지금의 성공에 자만해 새 기술 또는 소비 패턴에서의 변화를 놓친다면, 즉 '선발자의 함정'에 빠져있다면 이 역시도 해당 선발자의 몰락의 주요 원인이 되기도 한다.

이상의 설명에서 보듯이 후발자의 추격 과정, 즉 하나의 추격 사이클은 네 단계로 이루어짐을 알 수 있다. 첫 번째 단계는 진입 단계로서, 이 단계에서 후발자는 다양한 방법을 동원해서 후발자의 불리함을 극복하는 동시에 후발자의 이점을 최대한 활용해 산업에 진입하고자 노력한다. 두 번째 단계는 이 후발자가 시장점유율 또는 생산성 측면에서 점진적으로 추격하는 단계이다. 이 과정에서의 추격은 보통 비용 우위에 기반한다. 그리고 이 단계에서는 투자 자금을 점점 확보하기 시작한다. 세 번째 단계는 추월의 단계이다. 이 단계는 새로운 기술-경제 패러다임 또는 조직, 제품, 생산, 또는 시장과 관련한 급격한 혁신을 채택하거나, 불황기에 선발자가 몰락하는 것을 기회로 삼아 후발자의 점유율이 선발자의 그것을 추월하는 단계이다. 네 번째이자 마지막 단계는 새롭게 리더로 올라선 후발자 역시 새로운 도전자의 부상浮上에 밀리거나 선도자의 함정에 빠짐으로써 추락하는 시기이다. 물론 일부 리더는 즉시 몰락하지 않고 주도권을 오래 유지하고, 더 나아가 기술이나 수요 체제와 관련한 새로운 패러다임이 여러 번 등장하는 과정에서도 계속 잘 올라탐으로써 주도권을 잃지 않을 수 있다. 이상의 네 단계는 [그림 1-1]에 묘사되어 있다.

추격 사이클의 각 단계마다 다른 종류의 기회의 창이 활용된다. 한국의 철강 산업의 경우 첫 번째 단계인 진입기에 정부의 역할이 매우 결정적이었다. 제철소를 건설하는 데 필요한 대규모 투자 자금 마련을 정부가 다양한 방법을 통해 지원했기 때문이다(Ki, 2010). 그러나 TFT-LCD 산업(Mathews 2005)과 한국의 철강 산업(Ki, 2010)에서 불황기 또한 이들의 진입에 기회의 창으로 작용했다. 불황기는 또한 점진적인 추격 단계(2단계) 또는 추월 단계(3단계)에서도 기회의 창이 될 수 있다. 일부 선발

[그림 1-1] 추격 사이클 4단계

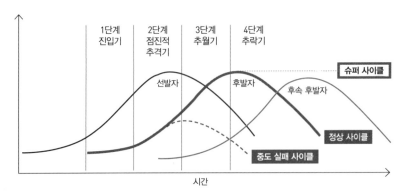

자료: 저자 작성. Ki (2010), Lee and Ki (2014) 등에도 제시됨.

자들이 불황기에 몰락하기 때문이다. 2008년 미국 금융 위기는 세계 자동차 업계의 선도기업들을 파산시키거나 파산 직전까지 몰고 갔다. GM이나 도요타가 어려움을 겪은 반면, 금융 위기의 가장 큰 수혜자는 현대차였다.

점진적인 추격 단계에서 외국계 선발자에 대한 정부의 규제는 자국의 후발자들이 시장점유율을 늘리는 데 도움이 될 수 있다. 이런 규제는 기업 간 경쟁에 있어서 비대칭적인 조건을 형성하기 때문이다. 중국 정부가 많은 전략 산업에서 이를 종종 사용하고 있다. 추월 단계는 대부분의 경우 새로운 기술−경제 패러다임 등장, 기술 세대의 교체 또는 급진적인 혁신의 물결과 함께 열리는 경향이 있다. 예를 들면, 아날로그에서 디지털 기술로의 전환은 전자 업계의 후발자였던 한국 전자 기업이 선발자였던 일본 전자 기업을 추월하는 데 기회의 창이 되었다. 한편, 산업 주도권 변화와 추격의 장기적인 과정에서 둘 이상의 기회의 창이 동시에 또는 연달아 열릴 수 있다. 인도의 IT서비스 산업 사례가 그런 경우였는데, 새로운 기술-경제 패러다임의 등장과 외국 기업에 대한 규제의 변화가 자국 기업들에게 기회의 창이 되었다(Lee, Park and Krishnan 2014).

마지막으로, 후발자가 새로운 리더가 되었을 때 어떤 리더는 그 위치를 오래 유지하는 반면, 다른 리더는 새로운 도전자에게 따라잡힌다. 이런 몰락은 이 리더가 기술, 시장, 또는 규제의 변화에 제대로 대응하지 못할 때 발생한다. 예를 들어, 현대차가 전기차, 수소차 등 새로운 패러다임의 등장에 제대로 대응하지 못한다면 현대차는 부상하는 중국의 자동차 기업에게 추월당할 수 있다. 한편, 중도 실패한 추격의 경우가 있는데, 이것은 추격의 노력이 점진적인 추격 단계(2단계)를 넘어서지 못해 추월 단계(3단계)로 이어지지 못한 경우이다. 이 경우 결국 급격한 혹은 점진적인 몰락의 길을 걷게 된다. 실제로 많은 후발자들의 추격 사례가 이 경우에 해당한다. 추월의 단계에 도달하는 데 가장 결정적인 장벽이 되는 것은 후발자들이 저부가가치 제품 시장에서 고부가가치 제품 시장으로 상향 이동하는 데 실패하는 것이다. 그래서 저부가가치 혹은 저급·저가 제품에 오래 머물다 보면, 비슷한 제품을 더 싸게 만드는 또 다른 후발자의 등장에 의해 점진적으로 몰락하게 된다. 가령, 1980년대 봉제완구 산업에서 500개가 넘었던 한국의 OEM 방식 기업들은 대부분 자기 상표 생산Own Brand Manufacturing, OBM 형태로 전환하지 못하고 점진적으로 몰락했다(이근 외, 2008). 물론 이중에서는 OBM을 시도하다가 실패해 오히려 급격히 몰락한 기업들도 있었을 것이다.

이상의 논의는 세 가지 추격 사이클 형태가 있음을 알려준다. 첫째,

정상 사이클은 진입기에서 추락기까지의 네 단계를 다 경험하는 것이다. 둘째, 중도 실패 사이클은 두 번째 단계인 점진 추격기 이후 점차 몰락하는 경우이다. 마지막으로 슈퍼 사이클은 기존의 리더를 추월한 후에도 산업의 주도권을 오랫동안 유지하는 경우이다([그림 1-1]). 이런 경우는 기존 리더가 새로운 기술을 신속히 대응·채택하는 경우에 발생하기도 하고, Tushman and Anderson(1986)이 간파한 것처럼 신기술의 성격 자체가 '파괴적competence-destroying' 혁신이라기보다는 '온존溫存적 competence-enhancing' 혁신일 경우에 발생할 가능성이 크다. 캐논이 아날로그 카메라에서의 우위를 디지털 카메라 시대에도 잘 이어갈 수 있었던 것은 그 기술 교체의 성격이 후자였다는 것과 밀접한 관련이 있다(강효석, 송재용, 이근, 2012).

이상에서 보듯이 제품수명 주기 이론과 다르게 추격 사이클 이론은 제품의 입지 변화의 사이클을 다루는 것이 아니라 기업 또는 국가의 산업 내 기업군들이 진입기부터 추락기까지 거치는 각각 다른 단계를 묘사하는 것이다. 선발기업에 해당하는 하나의 사이클이 있다고 할 때, 새로운 시장 진입 기업 또는 국가가 만든 사이클이 뒤이어 나타나면서 기존 사이클을 대체한다. 이후에도 새로운 사이클이 또 등장해 기존의 사이클을 대체하는 과정이 반복된다.

그렇다면 이제 우리가 물어야 할 중요한 질문은 '무엇이 기업의 운명을 결정하는 것인가'이다. 즉, 기업이 '정상', '슈퍼', '중도 실패'라는 세 사이클 중에서 어떤 형태의 사이클을 따라갈 것인지 결정하는 것은 무엇인가 하는 것이다. 이에 대한 대답은 상당 정도 기업의 전략적 선택에 달려 있다. 즉, 외생적으로 기회의 창이 발생했을 때 이에 대응해 기업이 각 단계에서 선택한 전략이 기술 체제, 시장 여건, 그리고 다른 제도적인 요인들과 상호작용하고, 이로 인해 해당 기업의 성과와 그에 따른 경로가 결정된다는 것이 추격 사이클 이론이다. 이런 관점에서 추격 사이클 모델은 특정 요소 결정론적이기보다는 외생적 요인과 주체적 요인, 즉 경제 주체, 특히 기업과 정부의 역할을 강조하고 있다.

Lee and Lim(2001)에서 설명했듯이 후발기업의 전략적 선택에는 세가지 추격 전략, 즉 경로 추종형, 단계 생략형, 경로 창출형 추격 전략이 존재하고, 기업들은 이들 중 어떤 것을 선택하는 전략을 취하거나 혹은 이들을 시간에 따라 순차적으로 선택하게 된다. 이때 '경로'는 기술 경로를 뜻하고 '단계'는 이 경로 위에 존재하는 각 단계를 뜻한다. 보통 점진적 추격 단계에는 경로 추종형 전략이 많이 선택될 것이다. 여기서 후발자는 선발자의 기술 경로를 그대로 따라가기는 하되, 더 낮은 비용으로 생산하기 때문에 시장점유율을 늘릴 수 있다. 그러나 더 낮은 생산 비용을 가진 새로운 후발자가 또 등장할 수 있기에 이 전략은 지속 가능하지 못하다. 즉, 후발자는 선발자와 후속 후발자의 사이에서 샌드위치가 되는 위기에 곧 직면하게 된다. 이런 상황에서 후발자는 위험을 감수하고 비약 전략, 즉 단계 생략 또는 경로 창출 전략을 채택하기도 하는데 그것이 다행히 성공하는 경우 비약적 시장점유율 향상을 이루어내어 위기를 극복할 뿐만 아니라 선도기업을 추월한다. 물론, 이런 모험이 실패해 급속히 몰락을 자초하기도 한다.

결국, 선택 가능한 다양한 전략들 중에서 어떤 전략이 더 효과적인지 여부는 산업별로, 단계별로, 기술 및 시장 체제별로 다를 수 있다. 어떤 기업 조직 형태(예: 기업 집단 또는 특성화된 중소기업)를 선택할 것인가 하는 것도 전략의 한 부분이다. 조직 형태에 따라 기업을 둘러싼 환경과의 상호 작용의 내용 및 귀결이 다르다(이근, 2007, Kim and Lee, 2003, Park and Lee, 2006).

결론

정리하면, 이 책이 던지는 기본 질문은 '산업 주도권의 반복적인 변화를 가져오는 요인이 무엇인가'이고, 이에 대한 답변은 새롭게 열린 기회의 창에 직면해 후발자와 선발자가 채택한 특정한 전략과 관련 시장 및 제도 요인들이 상호작용해 산업 주도권 이전 현상이 발생한다는 것이다.

추격 사이클의 네 단계는 다음과 같다. 진입기는 후발기업이 하도급 계약 또는 OEM 계약을 외국계 다국적 기업과 맺거나, 정부가 직접적으로 개입하는 국영 기업의 형태로 시작된다. 점진적인 추격은 저급·저가 제품 시장에서 비용 우위를 통해 이루어진다. 급격한 추격 또는 시장점유율에 있어서 급속한 상승은 기술 패러다임 변화나 세대교체 또는 시장 조건(예: 불황기)의 변화로 촉발되는 경향이 있다. 이런 기회의 창은 후발자의 경로 창출 또는 단계 생략 전략을 통해 활용된다. 마지막으로 후발자가 선발자를 밀어내고 차지한 산업 주도권은 또 다른 후속 후발자가 등장으로 인해 이들에게 넘어가고, 기존 후발자는 추락한다. 이렇게 추격 사이클은 계속 반복된다.

이 이론 틀을 가지고, 철강 산업 주도권 변화를 설명하면 다음과 같다. 미국에서 일본으로의 주도권 이전은 두 가지 새로운 공법의 출현 이후 미국은 이를 도입하는 데 지체한 반면에 일본은 이를 빨리 도입해 주도권을 장악한 과정이라고 설명할 수 있으며, 결국 기술 패러다임 변화가 기회의 창으로 작용해 발생한 경로 창출형 추격이었다. 반면에 일본에서 한국으로의 주도권 이전은 첫 번째 진입 및 점진적 추격 단계(70년대)에서 한국이 전 세계 철강 산업의 불황으로 철강 설비를 싸게 구입할 수 있었다는 측면, 즉 비즈니스 사이클의 불황기가 한국에서 기회의 창으로 작용했고, 한국 철강 산업의 도약기(80년대 중반)에는 역시 오일 쇼크에 따른 불황기에 포스코가 가장 최신 공법 및 설계를 채택한 광양 제철소를 신설함으로써 단계 생략형 추격을 한 것으로 설명할 수 있다. 한편 휴대폰 산업의 경우에는 미국의 모토로라가 아날로그 패러다임에 기반한 최초의 휴대폰을 발명해 산업을 일으켰으나 디지털 패러다임이 출현하면서 이를 먼저 개발한 유럽의 노키아가 새로이 주도권을 잡았고 최근에는 스마트폰 패러다임이 출현하면서 이에 더디게 반응했던 노키아가 몰락하고 애플과 삼성이 시장을 장악한 것으로 설명할 수 있다.

주

1 본 장은 Lee and Malerba(2014), Lee and Ki(2014), Ki(2010)를 기반으로 해 이 책을 위해 작성된 것이다.

2 신일본제철은 스미모토 금속과 합병해 2012년 10월 신일철주금이 탄생했다.

3 기회의 창이 기술 혁신, 수요, 정부 등 여러 가지가 될 수 있음을 Lee, Park and Krishnan(2014)이 이미 설명한 바 있다.

참고문헌

강효석, 송재용, 이근(2012), "경로 개척형 추격 전략을 가능케 하는 조건에 관한 연구", 전략경영연구, 15(3), 95-135.

이근 외(2013), 「국가의 추격, 추월, 추락」, 서울: 서울대출판원

이근 외(2008), 「기업 간 추격의 경제학」, 21세기북스.

이근(2007), 「동아시아와 기술 추격의 경제학」, 서울: 박영사.

Abramovitz, Moses(1986), "Catching up, Forging Ahead, and Falling Behind." The Journal of Economic History, 46(02), 385-406.

Callon, Michel(1992), "The Dynamics of Techno-Economic Networks," in: R. Coombs, P. Saviotti and V. Walsh(Eds.), Technological Change and Company Strategies: Economic and Sociological Perspectives. London: Harcourt Brace Jovanovich.

Edquist, C.(Ed.), 1997. Systems of innovation: technologies, institutions, and organizations, London: Pinter Publishers/Cassell Academic.

Carlsson, B. and R. Stankiewicz(1991), "On the Nature, Function and Composition of Technological Systems." Journal of evolutionary economics, 1(2), 93-118.

Freeman, Christopher(1987), Technology, Policy, and Economic Performance: Lessons from Japan. London ; New York: Pinter Publishers.

Guennif, Samira and Shyama V. Ramani(2012), "Catching up in Pharmaceuticals: A Comparative Study of India and Brazil," Research Policy.

Hughes, Thomas Parke(1987), "The Evolution of Large Technological Systems," W. E. Bijker, T. P. Hughes and T. J. Pinch, The Social Construction of Technological Systems: New Directions in the Sociology and History of Technology. Cambridge, Massachusetts: MIT Press, 51-82.

Ki, Jeehoon(2010), "Changes in Industrial Leadership and Catch-up by the Late-Comers in the World Steel Industry: Windows of Opportunity and Sectoral Systems of Innovation," Seoul: Graduate School, Seoul National University.

Kim, Chang-Wook and Keun Lee(2003), "Innovation, Technological Regimes and

Organizational Selection in Industry Evolution: A 'History Friendly Model' of the Dram Industry." Industrial and Corporate Change, 12(6), 1195–221.

Kim, Linsu(1997), Imitation to Innovation: The Dynamics of Korea's Technological Learning. Boston: Harvard Business School Press.

Kim, Yoon–Zi and Keun Lee(2008), "Sectoral Innovation System and a Technological Catch–Up: The Case of the Capital Goods Industry in Korea." Global economic review, 37(2), 135–55.

Lee, Keun, and Franco Malerba(2014), "Toward a theory of catch–up cycles: Windows of opportunity in the evolution of sectoral systems," Working paper.

_____, and Jee–hoon Ki(2014), "Successive Changes in Industrial Leadership and Catch–Up by Latecomers in Steel Industry: The US-Japan-Korea," Working paper.

_____, and Xiyou He(2009),"The Capability of the Samsung Group in Project Execution and Vertical Integration: Created in Korea, Replicated in China." Asian Business & Management, 8(3), 277–99.

_____ and Chaisung Lim(2001), "Technological Regimes, Catching–up and Leapfrogging: Findings from the Korean Industries." Research Policy, 30, 459–83.

_____, Chaisung Lim and Wichin Song(2005), "Emerging Digital Technology as a Window of Opportunity and Technological Leapfrogging: Catch–up in Digital Tv by the Korean Firms." International Journal of Technology Management, 29, 40–63.

_____, Sunil Mani and Qing MU(2012), "Explaining Divergent Stories of Catch–up in the Telecommunication Equipment Industry in Brazil, China, India, and Korea," F. Malerba and R. Nelson, Economic Development as a Learning Process: Variation across Sectoral Systems Oxford University Press, 21–71.

_____ and John A. Mathews(2012), "South Korea and Taiwan," E. Amann and J. Cantwell, Innovative Firms in the Emerging Market Economies. Oxford University Press, 223–48.

_____, Tae Young Park, and R. T Krishnan(2014), "Catching–up or Leapfrogging in Indian It Service Sector: Windows of Opportunity, Path–Creating and Moving up the Value–Chain in Tcs, Infosys, and Wipro," Development Policy Review, July.

Lundvall, Bengt–Åke ed(1992), National Systems of Innovation: Toward a Theory of Innovation and Interactive Learning. London: Pinter.

Malerba, Franco(2004), Sectoral Systems of Innovation: Concepts, Issues and Analyses of Six Major Sectors in Europe New York, N.Y.: Cambridge University Press.

_____(2002), "Sectoral Systems of Innovation and Production." Research Policy, 31(2), 247–64.

Mani, Sunil(2005),"The Dragon Vs the Elephant: Comparative Analysis of Innovation Capability in the Telecom Industry of China and India." Economic and Political

Weekly, 40(39), 4271–83.

_____(2007), "Keeping Pace with Globalisation: Innovation Capability in Korea's Telecommunications Equipment Industry," J. C. Mahlich and W. Pascha, Innovation and Technology in Korea. Physica–Verlag HD, 255–86.

Markusen, Ann R(1985), Profit Cycles, Oligopoly, and Regional Development. Cambridge, Mass.: MIT Press.

Mathews, John A.(2002), "Competitive Advantages of the Latecomer Firm: A Resource–Based Account of Industrial." 467–88.

_____(2005), "Strategy and the Crystal Cycle." California Management Review, 47(2), 6–31.

Mowery, David C. and Richard R. Nelson eds.(1999), Sources of Industrial Leadership: Studies of Seven Industries. Cambridge, UK ; New York: Cambridge University Press.

Mu, Q and K Lee(2005), "Knowledge Diffusion, Market Segmentation and Technological Catch–Up: The Case of the Telecommunication Industry in China." Research Policy, 34, 759–83.

Nelson, Richard R. ed(1993), National Innovation Systems: A Comparative Analysis. Oxford University Press.

Park, Kyoo–Ho and Keun Lee(2006), "Linking the Technological Regime to the Technological Catch–Up: Analyzing Korea and Taiwan Using the Us Patent Data." Industrial and Corporate Change, 15(4), 715–53.

Perez, Carlota and Luc Soete(1988), "Catching–up in Technology: Entry Barriers and Windows of Opportunity," G. Dosi, C. Freeman, R. Nelson, G. Silverberg and L. Soete, Technical Change and Economic Theory. London: Pinter Publishers, 458–79.

Posner, M. V(1961), "International Trade and Technical Change." Oxford Economic Papers, 13(3), 323–41.

Schumpeter, Joseph Alois(1942), Socialism, Capitalism and Democracy. Harper and Bros.

Tushman, Michael L. and Philip Anderson(1986), "Technological Discontinuities and Organizational Environments." Administrative Science Quarterly, 31(3), 439–65.

Vernon, Raymond(1966), "International Investment and International Trade in the Product Cycle." The Quarterly Journal of Economics, 80, 190–207.

2장

휴대폰 산업에서의
주도권 이전

강승원(신한금융투자)
이걸희(前 한화투자증권)
임동진(성균관대학교)

휴대폰 단말기는 무전기 제조사인 모토로라에 의해 1983년 세계 최초로 만들어졌으나, 한국의 경우 1990년대 후반이 되어서야 생산이 가능해졌다. 그러나 이후 삼성전자는 모토로라를 추격하는 데 성공하고, 세계 휴대폰 단말기 시장에서 2위 기업으로 떠올랐으며, 1위인 노키아를 다음 추격의 대상으로 삼았다. 그러던 중 2007년, 느닷없는 애플의 '아이폰' 출시로 휴대폰 단말기 시장의 판도가 변하면서 노키아와 함께 한동안 크게 위축되었다. 그러나 2011년 3분기 현재 삼성전자는 스마트폰 시장에서 애플과 노키아를 추격하고, 세계 1위의 스마트폰 제조사로 새롭게 자리매김했다. 불과 2년 전인 2009년 1분기까지만 해도 애플의 아이폰의 돌풍과 삼성전자의 '옴니아 2'의 판매량 저조로 인해 한국 휴대폰 단말기 산업에 어둠이 드리워졌으나, 2010년 삼성전자의 '갤럭시 S', 2011년 '갤럭시 S2'의 연이은 출시로 마침내 스마트폰 시장에서 1위를 차지하게 된 것이다. 또한, 전 세계 휴대폰 판매량 1위인 노키아와 판매량 격차를 5퍼센트로 좁히고 매출액에 있어서는 오히려 노키아를 압도하게 되었다.

본 연구에서 휴대폰 산업의 추격을 다루고자 하는 이유는 위의 사실에서 알 수 있듯이 기술의 개발 및 시장의 변화에 따라 선두 유지의 기간이 짧고 추격의 역동성이 매우 강하기 때문이다. 앞으로도 휴대폰 산업에서 추격의 가능성은 매우 높을 것으로 판단된다. 또 다른 이유로는 휴대폰 산업은 시장 규모가 크고, 활용 측면에 있어서 사람들의 삶에 큰 영향을 주고 있어 많은 사람들이 관심을 기울이고 있다는 것이다. 마지막으로 휴대폰 산업에서 추격의 핵심 요인이 과거 단말기 기능 및 통신 기술에서 운영 체제와 무선인터넷 기술로 변화하고 있어 이러한 변화가 추격에 어떤 영향을 미치는지 알아보는 것 역시 중요하기 때문이다.

본 연구는 휴대폰 산업의 출발부터 현재까지 산업 내 리더가 어떻게 바뀌었는지 '기회의 창'이라는 분석틀(Lee and Ki 2014, Lee and Malerba 2014)을 활용해 살펴보고자 한다. 기회의 창은 산업 내 리더를 추격하는 후발자에게 오픈되는 세 가지 유형의 기회로서 기술 및 경제 패러다임의 변화, 경기의 변동, 정부의 제도적 지원을 포함한다.

휴대폰 산업의 추격 발전사를 분석하기에 앞서 우리는 세계 휴대폰 산업의 현황과 기술 및 시장, 양 측면에서 휴대폰 산업의 변화 과정을 살펴보고자 한다. 이와 같은 휴대폰 산업에 대한 전반적인 이해를 거친 뒤 시간 흐름에 따라 대표되는 추격의 사건들인 1) 모토로라에 대한 노키아의 추격, 2) 한국 휴대폰 기업의 추격, 3) 스마트폰 시대에서의 추격, 이렇게 세 가지 흐름을 통해 휴대폰 산업의 주도권 변화를 분석하고자 한다.

세계 휴대폰 시장

1983년 9월 21일 모토로라가 세계 최초 아날로그 방식의 휴대폰 DynaTAC_DYNamic Adaptive Total Area Coverage 8000X를 발표하면서 휴대폰 산업이 시작되었다. 2000년 약 7억이었던 세계 이동통신 총 가입자 수는 10년이 지난 2010년 약 53억으로 증가해 전 세계 인구의 78퍼센트가 휴대폰을 사용하고 있다 ([표 2-1] 참조).

2010년 선진국의 휴대폰 보급률은 116.1퍼센트로 이미 100퍼센트를 넘어섰고, 개발도상국과 아프리카는 각각 67.6퍼센트, 41.4퍼센트를 기록했다.[1] 또한, 세계 5대 제조사인 노키아(핀란드), 삼성(한국), LG(한국), ZTE(중국), RIM(캐나다)이 세계 휴대폰 시장의 68.5퍼센트를 차지하는 과

[표 2-1] 세계 이동통신 가입자 수 변화 (2000~2010년)

연도	00	01	02	03	04	05	06	07	08	09	10
총가입자수 (백만명)	739	962	1,159	1,418	1,765	2,207	2,747	3,370	4,035	6,450	5,373
100명당 가입자수	12.1	15.5	18.4	22.3	27.3	33.9	41.8	50.6	59.9	63.3	78.0

자료: ITU World Telecommunication /ICT Indicators database(2011).

[표 2-2] 세계 Top 5 휴대폰 제조사의 시장점유율

순위	제조사	선적량(백만)	시장점유율(%)	연 매출 성장률(%)
1	Nokia	453.0	32.6	4.9
2	Samsung	280.2	20.2	23.3
3	LG	116.7	8.4	−1.0
4	ZTE	51.8	3.7	94.0
5	RIM	48.8	3.5	41.4
기타		437.7	31.5	31.2
총계		1,388.2	100.0	18.5

자료: IDC(2011).

점 구조를 가지고 있다([표 2-2] 참조).

한편, 유무선 환경에서 음성, 데이터, 영상을 고속으로 주고받을 수 있는 이동통신 기술인 3세대의 등장으로 스마트폰 시장은 급속한 성장세를 보이고 있다(이재인, 2009). 스마트폰 보급률이 높아지면서 운영체제 내 콘텐츠의 다양성과 운영체제의 편의성과 같은 소프트웨어 제공업체들의 경쟁력이 단말기의 경쟁 우위를 좌우하게 되었다(김동우, 2011).

세계 인구 대비 휴대폰 보급률은 2000년 약 12퍼센트에서 2010년 78퍼센트로 엄청난 성장세를 보였다. 휴대폰 보급이 상대적으로 빨랐

던 선진국은 2007년 이미 보급률이 100퍼센트를 넘어서서 성장률은 점
차 하락하고 있었다 ([표 2-3] 참조). 대신 휴대가 간편하면서도 인터넷과 PC
기능을 수행할 수 있는 고급형 제품인 스마트폰에 대한 교체 수요가 확
대되고 있었다.

반면 신흥국은 2005년부터 판매 대수 기준에서 선진국 시장을 추월
하기 시작했고, 2007년 신흥국 시장의 규모는 7억2,000대로 선진국 시
장(4억6,000대)의 1.6배가 되었다 ([그림 2-1] 참조). 중국과 인도의 인구가 각각 약

[표 2-3] 연도별 100명당 이동통신 가입자 변화 (2000~2010년)

연도	00	01	02	03	04	05	06	07	08	09	10
선진국	39.2	47.1	52.5	59.5	69.8	82.1	92.9	102.0	108.5	113.2	114.2
개도국	5.5	7.9	10.3	13.5	17.5	23.0	30.2	39.1	49.1	58.4	70.1
세계	12.0	15.5	18.4	22.2	27.3	33.9	41.8	50.6	59.9	68.3	78.0

자료: ITU World Telecommunication /ICT Indicators database(2011).

[그림 2-1] 세계 지역별 휴대폰 시장 전망

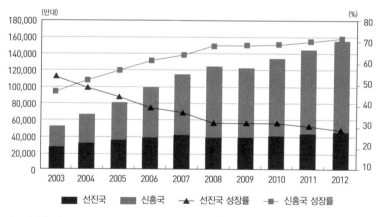

자료: 이재인(2009).

13억, 11억이라는 점을 감안하면 신흥국 시장의 성장 잠재력은 아직 끝나지 않았음을 예상할 수 있다.

　신흥국 시장에서 주로 판매되는 휴대폰은 초저가폰이다. 이로 인해 초저가폰을 생산할 수 있는 원가 경쟁력이 중요해짐에 따라 규모의 경제를 통해 원가를 낮출 수 있는 글로벌 기업이 더 많은 수익을 볼 수 있는 구조로 변화되었다. 따라서 선진국의 스마트폰이라는 하이엔드High-end시장의 수요와 신흥국의 저가폰이라는 로엔드low-end시장의 수요가 동시에 일어나면서 휴대폰 시장은 이원화가 되었고 글로벌 기업은 어느 한쪽도 포기할 수 없었다(박남규 외 2인, 2010).

휴대폰 기술의 특징

휴대폰 산업은 이동통신 기술에 따라 빠르게 진화했기 때문에 휴대폰 산업을 이해하기 위해서는 이동통신 기술의 발전을 살펴보아야 한다. 1978년 셀룰러 방식 시스템을 도입하면서 이동통신이 시작되었고, 국제전기통신연합ITU, International Telecommunication Union은 데이터 전송 속도를 기준으로 네 개의 세대Generation, G로 구분 지었다([그림 2-2] 참조). 10Kbps 속도로 휴대폰을 통해서 음성 전송만 가능했던 아날로그 방식인 1세대1G는 무선통신 기술에 강점을 가졌던 모토로라가 가장 높은 점유율을 유지했다.

　1996년, 최대 속도 64Kbps에 디지털 방식인 동기식CDMA, 비동기식GSM, 무선랜Wireless LAN과 같은 2세대2G 기술이 출현하면서 음성과 문자 전송이 가능해졌고, 2.5세대에 들어서면서부터는 사진 전송까지 가능해

[그림 2-2] 글로벌 휴대폰 기술 및 시장점유율 변화

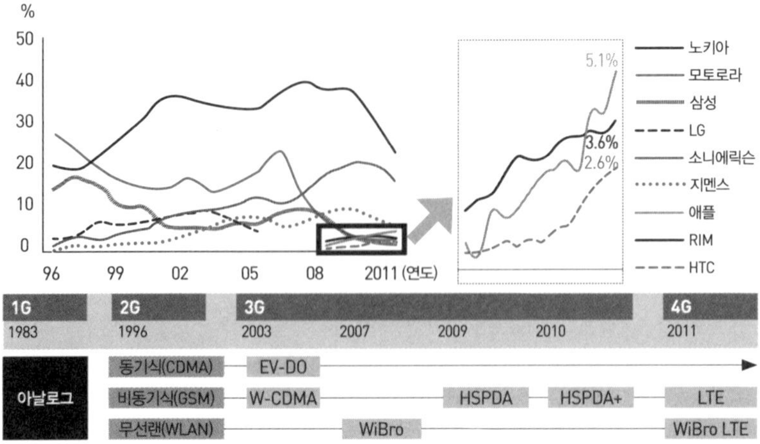

자료: 김동우(2011), 3쪽

졌다. 2G로 넘어가는 변환기에 디지털셀룰러 기술을 빠르게 확보하지 못한 모토로라는 시장점유율이 감소된 반면에 상대적으로 GSMGlobal System for Mobile communication 기술에 우위가 있었던 노키아의 시장점유율이 1위를 차지하게 되었다. 한편, 세계 최초로 CDMACode Division Multiple Access 방식의 휴대폰 상용화에 성공한 한국의 삼성과 LG가 새로운 강자로 등장하게 되었다.

3세대3G에 와서는 14Mbps라는 빠른 속도 덕택에 음성, 문자, 영상 전송이 가능해져 통신이라는 기능보다는 다양한 서비스와 콘텐츠를 구현하는 장치로서의 역할이 더 중요해지기 시작했다. 2009년 스마트폰이 대중화되면서 노키아, LG와 같은 피처폰feature phone [2] 중심의 제조업체의 시장점유율은 하락했다. 그리고 휴대폰 시장의 무게중심이 스마트폰 업체로 이동하면서 애플, RIM, ZTE, HTC(대만) 등 스마트폰 업체의 시

장점유율이 상승했다. 그 이후, 3G 기술에 비해 전송 속도가 수십에서 수백 배 빠른 4세대4G 기술이 상용화되는 등 휴대폰 시장에 계속 새로운 변화가 진행되고 있다.

결론적으로 지금까지 설명한 이동통신의 발전은 기술 패러다임의 변화라는 기회의 창(Lee and Ki, 2014, Lee and Malerba, 2014)으로 간주될 수 있으며, 이와 같은 창이 후발자에게 열리면서 그들에게 추격의 기회를 제공했다.

모토로라는 1928년 설립된 미국회사로 아날로그 시대에 세계시장점유율 1위를 기록한 세계 휴대폰 산업의 선발주자였다. 1983년, 모토로라는 이동이 가능한 전화기인 DynaTAC을 최초로 상업화했고, 1989년, 세계 휴대폰 시장에서 가장 가볍고 가장 작은 MicroTAC을 출시했다(박남규 외 2인, 2010). 그러나 불행히도 모토로라는 아날로그에서 디지털로 넘어가는 기술 변화에 빠르게 대응하지 못해 노키아에게 선도기업의 지위를 넘겨주게 되었다. 모토로라는 'RAZR폰'을 선보임으로써 스마트폰에서 선도의 자리를 되찾는 듯 보였으나 2006년 이후 시장점유율이 급격히 낮아지면서 스마트폰 시장에서도 고전을 면치 못하고 있다.

한편, 노키아는 1865년 설립된 핀란드 회사로 처음에는 종이를 만드는 제지회사였다. 그러나 이후 고무, 타이어, 전기케이블, 가전, PC 등 다양한 분야로 사업을 확장해나갔다. 그러던 중 1992년 요르마 오릴라 Jorma Ollila가 새로이 취임하면서 이동통신 및 멀티미디어 사업 중심으로 구조조정을 단행했다. 그 결과 1998년, 노키아는 모토로라를 제치고 휴대폰 시장에서 세계 1위 자리에 올랐으며, 2010년 말 판매 대수 기준으로 세계시장점유율 32.6퍼센트[표 2-2] 참조]를 기록함으로써 세계 휴대폰 시장의 선두를 유지하고 있다.

이처럼 휴대폰 산업의 주도권이 모토로라에서 노키아로 넘어가게 된 원인을 본 연구는 기술 패러다임의 변화와 경기변동(수요 변화)이라는 두 가지 유형의 '기회의 창'으로 보고 이에 대해 자세히 설명하고자 한다.

기술 패러다임의 변화

모토로라가 아날로그 기술에 강점을 지니고 있었기 때문에 노키아는 새롭게 출현하는 디지털 기술 개척에 주력했다. 노키아가 선점한 GSM 방식은 디지털 기술을 기반으로 하고 있으며, 1990년 유럽통신표준화기구The European Telecommunications Standards Institution, ETSI에 의해 유럽 표준으로 완성된 후 1991년부터 상용화되었다. 이로 인해 유럽 이동통신 시장은 빠르게 성장하기 시작했고, 1990년 유럽의 이동통신 가입자 수가 10만 명 수준에 불과했으나, 8년이 지난 1998년 3억 명으로 3,000배가 증가하게 되었다. 게다가 GSM 방식은 유럽을 넘어서 전 세계로 확산되어 2002년에는 130여 나라에서 사실상 표준de facto standard으로 자리잡게 되었다(이재인, 2009, 46쪽).

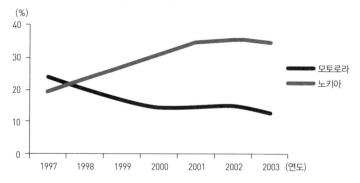

[그림 2-3] 모토로라와 노키아의 시장점유율 추이

자료: 이재인(2009).

　　노키아는 GSM 방식이 유럽표준이 되기 이전인 1982년부터 이 방식의 표준 기술이 될 만한 부분에 막대한 자금을 투자하기 시작했다. 이러한 투자는 1991년, 디지털 휴대폰을 상용화하면서 원천기술 확보라는 결과를 낳았고, 앞서 말했던 것처럼 GSM방식이 세계 각국으로 확대됨에 따라 모토로라를 추격([그림 2-3] 참조)할 수 있는 중요한 원인이 되었다.

　　노키아와 달리 모토로라는 이와 같이 급변하는 기술 패러다임 변화를 잘 읽어내지 못했다. 모토로라는 CDMA 분야의 원천기술을 가지고 있었고, 미국기업이기 때문에 전통적으로 북미 등 CDMA 표준을 채택한 시장에서 강세를 보였다. 그러나 세계 휴대폰 시장의 주도권이 미국을 포함한 북미의 CDMA 방식에서 유럽의 GSM 방식으로 이동되면서 아날로그 기술에서 디지털 기술로의 패러다임 변화가 생기기 시작했다. 당시 모토로라는 아날로그 방식을 고수했고, 디지털 기술로의 변화에 전혀 투자를 하지 않고 있었다.

　　실례로 당시 모토로라는 아날로그 기술을 기반으로 한 대형 프로젝트인 '이리듐 프로젝트'를 진행하고 있었다. 이리듐 프로젝트란 저궤도로 쏘아올린 통신위성을 이용해 전 세계의 아날로그 통신기기들을 하나로 묶는 최초의 글로벌 위성이동통신 서비스였다(짐 콜린스, 2010). 이는 모토로라를 주축으로 일본, 러시아, 한국, 중국 등 세계 47개 주요 통신 기업들이 가세하면서 총 50억 달러가 넘는 사업비가 투자된 초대형 글로벌 프로젝트였다. 사양 기술인 아날로그를 기반으로 한 프로젝트에 이와 같은 대규모 투자를 감행한 것으로 미루어 보아 모토로라는 디지털로의 패러다임 변화에 대한 인식이 거의 없었다고 볼 수 있다. 결국, 모토로라는 아날로그에서 디지털 기술로의 변화에 대한 인식 및 준비 부족으로 인해 선도기업의 자리를 빼앗기게 된 것이다.

이처럼 모토로라가 기술의 변화를 읽지 못하고 표류하고 있을 때 노키아는 디지털 방식의 원천기술을 확보했고, 이 기술은 노키아가 추격하는 데 결정적인 역할을 했다. 즉, 원천기술의 확보는 특허권으로 이어지기 때문에 진입장벽의 역할을 하는 동시에 막대한 로열티 수입을 안겨주었던 것이다. 당시 GSM 원천기술에서 발생되는 노키아의 로열티 수입은 CDMA 핸드폰 판매 시 지불해야 하는 로열티 지출을 상회하고 있었다(김기종, 2008, 14쪽). 또한, GSM 방식의 원천기술 확보는 GSM 방식뿐만 아니라 신기술로의 이전에도 강력한 이점을 지녔다. 노키아는 원천기술을 바탕으로 W-CDMAWideband-Code Division Multiple Access 등 차세대 기술을 신속히 받아들이고 적용함으로써 2.5세대와 3세대로 이어지는 제품개발에서도 선도적인 자리를 지켜나갈 수 있었다.

경기변동: 침체기에 들어선 선진국 휴대폰 시장

세계 휴대폰 시장은 전반적으로 가파른 성장세에 있으나 앞서 살펴본 것처럼 선진국과 개도국의 성장 양상은 매우 상이하다. 즉, 선진국 시장은 휴대폰 보급률이 높아지면서 성장세가 점차 둔화되는 모습을 보이는 반면 개도국 시장은 기존 보급률이 높은 편이 아니기 때문에 여전히 빠른 속도로 성장하는 모습을 보이고 있다([표 2-3], [그림 2-2], [그림 2-4] 참조). 물론 현재 선진국 시장이 침체기downturn에 있다고 말하기에는 무리가 있을 수 있으나, 어느 정도 성숙기에 접어들었다고는 할 수 있다. 이와 같이 선진국 시장의 정체로 인해 개도국이라는 전혀 다른 시장에 투자를 하는 과정에서 후발자는 추격의 기회를 맛볼 수 있게 되었다.

2002년부터 신흥국 저가 시장이 급부상하면서 원가 경쟁력이 신흥국 시장 진출의 핵심 요소로 떠올랐다([그림 2-5] 참조). 원가 경쟁력은 모토로라에 비해 노키아가 보유한 강점 중 하나인데, 이는 노키아가 일찍부터 생산 원가 절감을 위해 해외 생산 공장을 공격적으로 운영하고 있었

[그림 2-4] 세계 지역별 휴대폰 판매 추이

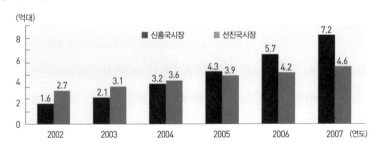

자료: 이성호 외 2인(2008), 10쪽.

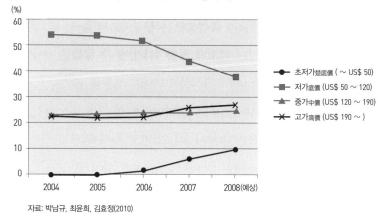

[그림 2-5] 세계 휴대폰 시장의 가격대별 판매비중 추이

자료: 박남규, 최윤희, 김효정(2010)

기 때문이다. 노키아는 전체 생산 규모의 80퍼센트 이상을 OEM 방식으로 해외공장을 통해 생산했다. 또한, 신흥국 시장의 경우 선진국 시장과 다르게 판매업체가 발달하지 않았기 때문에 핸드폰 단말기 제조업체가 직접 판매망을 확보해야만 하는데, 노키아는 일찍이 해외 시장에 직접투자를 해왔기 때문에 판매망 확보에서도 모토로라를 앞설 수 있었다.

게다가 노키아만의 플랫폼platform 전략을 통해 타사 대비 낮은 원가를 유지할 수 있었다. 플랫폼 전략이란 마치 차량을 제조하는 공정과 비슷한 방식을 말한다. 즉, 다양한 제품 간 공통분모를 기획해 이를 노키아 모든 제품의 플랫폼으로 통일하고, 이를 기반으로 다양한 부가기능을 추가해 신제품을 출시하는 방식이다. 이 방법을 통해 제품개발 사이클이 기존 공정보다 20퍼센트 단축되었고, 판매 대비 제품개발 원가도 30퍼센트나 절감하는 효과를 거둘 수 있었다(이재인, 2009, 46쪽). 개별 플랫폼당 출하량이 타사 대비 압도적으로 많았기 때문에 노키아는 규모의 경제 효과를 누리면서 원가 경쟁력을 강하게 가질 수 있었다. 앞서 이야기 했듯이 신흥국 시장은 품질보다는 가격 경쟁력을 더 중요시 여겼기 때문에 노키아가 모토로라보다 경쟁에서 앞설 수 있었던 것이다.

한국은 CDMA 방식의 디지털 이동통신 시스템이 개발되기 전까지 미국의 AT&T와 모토로라의 제품을 수입해 이동통신 서비스를 제공해왔다. 즉, 1984년 AMPS_{Advanced Mobile Phone System} 방식의 이동통신 서비스가 제공될 때 한국은 주로 미국, 일본, 캐나다 업체의 단말기를 사용해왔고, 그중 모토로라가 1995년까지 한국 휴대폰 시장을 지배했다([표 2-4] 참조). 국내업체가 공급하는 휴대폰 역시 핵심 부품을 수입에 전적으로 의존했기 때문에 상당히 많은 양의 기술료가 지출되었다.

휴대폰 산업의 대외 의존성을 탈피하기 위해서 정보통신부(당시 체신부, 1994년 12월 23일 정보통신부로 바뀜)는 1989년부터 국가 연구개발 사업으로 CDMA 기술개발사업을 추진했다. 전자통신연구원을 중심으로 삼성전자, LG정보통신, 현대전자, 맥슨전자가 참여했으며, 그 결과 CDMA 방

[표 2-4] 한국 이동통신 단말기 시장의 기업별 점유율

(단위: %)

연도 기업명	1991	1992	1993	1994
모토로라	42.0	45.4	57.4	51.9
삼성전자	20.0	19.4	14.0	19.7
LG정보통신	9.2	8.6	5.0	4.0
현대전자	9.4	7.8	−	1.3
기 타	19.4	18.8	23.6	23.1
합 계	100.0	100.0	100.0	100.0

자료: 송위진(2005).

[표 2-5] 한국 주요 업체의 휴대폰 단말기 내수 시장 점유율 현황

구분(연도)	94	95	96	98	05
시장 점유율(%)	27.7	50.9	65.8	98.1	93.4

자료: 김민식, 정현준(2010).

[표 2-6] 한국 주요 업체의 세계 휴대폰 단말기 시장점유율

구분(연도)	00	01	02	03	04	05	06	07	08
시장 점유율(%)	5.0	9.6	13.1	15.3	18.9	19.4	18.1	20.2	24.7

자료: 송위진(2005).

식의 이동통신 시스템과 단말기가 개발되었다. 1996년 1월 세계 최초로 CDMA 방식의 디지털 이동통신 서비스가 이루어졌다(송위진, 2005, 32~35쪽). 새로운 기술의 개발로 한국 휴대폰 제조업체는 내수 시장을 장악할 수 있었고([표 2-5] 참조), 더 나아가 세계 휴대폰 단말기 시장점유율

을 점차 증대시키면서[표 2-6] 참조) 강자로 자리매김을 하게 되었다.

위와 같이 한때 기술뿐만 아니라 제품까지도 통째로 수입해서 사용하던 한국기업이 세계 휴대폰 단말기 시장의 새로운 리더로 부상하게 된 원인은 '정부의 지원'과 '기술 패러다임의 변화'라는 두 가지 유형의 '기회의 창' 때문이라고 보고 그 원인을 하나씩 살펴보고자 한다.

한국 휴대폰 산업의 눈부신 성장은 정보통신부가 추진한 국가연구개발사업인 'CDMA 기술개발사업(1989~1996년)'의 성공 때문이라고 해도 과언이 아니다. 'CDMA 기술개발사업'에 정부와 기업이 투자한 연구개발비는 약 996억 원에 달하고, 연간 1,042명의 인원이 투입된 대형 연구개발 사업이었다[표 2-7] 참조). 'CDMA 기술개발사업'의 목표는 디지털 방식의 이동통신 시스템과 단말기를 개발해 수입을 대체하고, 주파수 사용 효율성이 높은 디지털 방식의 이점을 활용해 급격히 늘어나는 이동통신 서비스 수요에 대응토록 하는 것이었다.

당시 한국 정부는 GSM 방식이 아닌 CDMA 방식을 선택했는데, 그 이유는 GSM 방식을 선택할 경우 선진국 시스템의 기술종속을 피할 수 없고, 모토로라와 노키아와 같은 글로벌 기업을 이길 수 없다고 판단했기 때문이다. CDMA 기술은 1988년 미국 벤처기업인 퀄컴Qualcomm이 개발한 기술로 GSM에 비해 가입자를 더 많이 수용할 수 있고, 음질이 뛰어나며, 보안성이 좋다는 장점을 가지고 있었다. 그러나 이론적으로만 우수할 뿐 상용화되지 않은 기술이었다(김민식, 정현준, 2010).

전자통신연구원은 CDMA 방식의 원천기술을 보유하고 있는 퀄컴과 공동기술개발계약Joint Development Agreement을 체결해 퀄컴으로부터 원천기술을 전수받았다. 공동연구개발 과정에서 퀄컴은 시스템 전반, 단말기

[표 2-7] 한국 'CDMA 기술개발사업'의 개요

시기	기술개발	사업 진행
1998	퀄컴 CDMA원천기술개발	
1989.1	ETRI 디지털 이동통신시스템 개발사업 착수	
1991.5	ETRI 퀄컴과 공동기술개발 계약 (CDMA방식의 채택)	
1992.7~8		선경, 제2이동통신사업자 선정 및 반납
1993.1	ETRI 제조업체(4개 사)와 공동기술 개발 계약	
1993.6	제2사업자 CDMA방식으로 서비스 확정 (국가표준으로 실질적 선정)	
1993.9	한국이동통신 내 이동통신기술개발 사업관리단 발족	
1993.11	정보통신부 국가표준을 CDMA로 고시	
1993.12		선경, 한국이동통신 주식 매입
1994.2		포철·코오롱 컨소시엄으로 제2이동통신 사업권 획득
1994.5		신세기통신 출범
1994.9	상용시제품 개발	
1994.11	CDMA단말기 시험통화 성공 발표	
1995.1~5	이동통신기술개발 사업관리단 장비 상용시험(1차 상용시험 완료)	신세기통신 장비공급업체 지정(삼성전자)
1995.5		한국이동통신 장비공급업체 지정(LG정보통신)
1995.10	신세기 삼성전자 장비 인수시험	
1995.12	한국이동통신 LG정보통신 장비인수시험	
1996.1		한국이동통신 인천·부천지역에서 CDMA서비스 개시(듀얼모드)
1996.4		신세기통신 상용서비스 개시
1997.3		SK텔레콤 CDMA가입자 100만명 돌파
1997.9		신세기통신 CDMA가입자 100만명 돌파

자료: 송위진(2005).

의 기본 설계, 기지국의 기본 설계 및 상세 설계를 담당했고, 전자통신연구원은 교환기와 기지국의 상세설계를 맡았으며, 제조업체들은 단말기 상용화를 책임졌다.

한국의 'CDMA 기술개발사업'이 성공할 수 있었던 주요 요인 중 하나는 한국형 전전자교환기Digital Electronic Switching System인 TDX 기술개발사업으로 축적된 시스템통합능력 때문이었다. TDX 기술개발사업은 1977년부터 1991년까지 추진된 시분할Time Division 전전자교환기 개발 사업으로 정부출연연구소, 통신장비업체, 장비수요업체(한국통신)가 참여해 공동개발의 형식으로 진행되었다. 이 사업을 추진하면서 대형 통신시스템을 개발하는 방법, 시스템의 품질 관리 방법 등과 같은 기술 관리에 필요한 능력을 축적하게 되었고, 이는 'CDMA 기술개발사업'을 진행하는 데 큰 도움이 되었다.

1984년 휴대폰 기술이 전무했던 삼성전자는 일본 도시바의 카폰을 분해해 그 기술 원리를 알아내는 '역 엔지니어링Reverse engineering'방식으로 최초의 카폰(sc-100)을 개발했다. 또한, 모토로라 휴대폰을 구입해 동일한 방식으로 제품을 분석해 휴대폰의 작동 원리에 대한 암묵적 지식을 축적했다. 즉, 선발자의 경로를 추종하면서 축적된 지식기반으로 매우 짧은 시간 신제품을 만들어내는 능력을 구축한 것이다.

아날로그 휴대폰에서 기술 추격이 이루어지던 시절에 CDMA 방식에 기반을 둔 디지털 휴대폰이 개발되기 시작되었다. 디지털 기술은 아날로그 기술과 달리 개발 과정이 매우 어려운데, 그 이유는 아날로그 기술이 하드웨어 기술이었다면, 디지털 기술은 소프트웨어 기술이기 때문이다. 당시 한국의 기술 수준은 독자적으로 디지털 기술을 개발하기는 어려운 상황이었다. 따라서 원천기술을 보유하고 있는 퀄컴과 라이선스 계약을 체결해 퀄컴으로부터 기술을 습득하고, 그것을 자기 것으로 소화함으로써 CDMA를 세계 최초로 상용화했다. 그러나 한국기업은 원천기술의 상당 부분을 외국기업에 의존[3]하고 있었고(이재인, 2009, 65쪽), 선진기업들과 차별화할 수 있는 능력이 부족했기 때문에 지속적인 경쟁 우위를 확보하는 데 한계가 있었다. 이러한 한계를 극복하기 위해 한국업체들은 끊임없는 기술 학습을 했으며, 그 결과 휴대폰의 소형화·경량화 능력을 쌓아 선진기업의 제품들과 경쟁할 수 있었고 현재의 위치까지 오르게 되었다(송위진, 2005, 94~102쪽).

결론적으로 한국기업은 리더를 따라 출발은 아날로그 이동통신 기술부터 했으나 아날로그에서 디지털로 기술 패러다임이 변할 때 퀄컴과의 기술제휴를 통해 디지털 방식의 CDMA통신을 세계 최초로 상용화하는 데 성공을 거둠으로써 결정적인 추격의 기회를 확보했다.

스마트폰 시대의 도래: 애플과 삼성의 양강체제

스마트폰 시대에서의 추격은 이전 시기보다 변화의 양상이 동시다발적인 면모를 띠고 있기 때문에 이 시대를 따로 구분해서 보고자 한다.

2007년 1월, 애플은 모바일 인터넷, 터치스크린, 휴대폰의 기능을 동시에 갖춘 '아이폰'을 출시했다. 아이폰은 미국을 비롯해 세계적인 돌풍을 일으켰으며, 이로 인해 애플은 IT 선도기업으로 발돋움했다. 특히 '애플리케이션 스토어(Application store, 이하 '앱스토어')'를 통해 모바일 소프트웨어의 새로운 패러다임을 제시했고, 이 스토어를 통한 콘텐츠 소비가 급격히 증가했다. 모바일 제품의 제조 경험이 전혀 없었던 애플의 갑작스러운 돌풍은 스마트폰의 최초 제작자이며, 전 세계 휴대폰 판매량 1위인 노키아 그리고 노키아의 추격을 목전에 두고 있었던 삼성전자에게 큰 타격을 주었다. 노키아는 자사 운영체제인 '심비안Symbian'을 탑재한 스마트폰, 인텔과 합작해서 개발한 리눅스 기반의 운영체제인 '미고MeeGo', 마이크로소프트와 합작한 임베디드 모바일 운영체제인 '윈도폰Windows phone'을 출시했으나 현재까지 시장의 반응은 미미한 편이다.

한편, 삼성전자가 아이폰의 대항마로 출시한 옴니아와 옴니아 2는 글로벌 시장에서 애플에 대응하지 못하다가 '갤럭시 S'를 출시하면서 애플에 대응할 수 있는 가능성을 보여줬다. 2011년 3월 삼성전자는 '갤럭시 S2'를 출시했고, 2011년 3분기에는 북미에서 시장점유율(25.3퍼센트) 1위를 차지했으며, 글로벌 시장에서도 처음으로 애플을 누르고 스마트폰 판매량 1위 업체가 되었다. 그리고 전체 휴대폰 시장의 점유율은 22.3퍼센트로 27.1퍼센트인 노키아를 바짝 추격해 결국 추월했다. 2012년 이후 삼성전자의 전체 휴대폰 시장점유율 및 매출액은 노키아를 넘어서 선두가 되었다.

노키아의 추락과 애플의 등장

애플리케이션 스토어[4]의 등장

휴대폰 운영체제의 시초는 PDAPersonal Digital Assistant의 운영체제에 기반한 것으로 PC 운영체제 분야의 독점적인 제작사인 마이크로소프트가 최초로 만들었다. PC 운영체제 분야에서 강력한 독점력을 행사하는 마이크로소프트가 PDA 및 운영체제 분야에 진출한 것이다. 그러자 1998년 단말기 업체인 사이언, 모토로라, 노키아, 파나소닉, 소니, 에릭슨, 삼성전자, 지멘스 등 8개 제조사들은 마이크로소프트의 독점을 막기 위해 합작해 '심비안'이라는 운영체제를 만들었다. 이후 심비안은 주로 노키아가 제조한 단말기에 탑재되었다. 마이크로소프트와 8개 제조사들은 각각 휴대폰 운영체제의 개발로 새로운 수요를 창출하려 했지만 휴대폰 기능이 PC에 비해 낮고 콘텐츠의 부족으로 큰 주목을 받지 못했다.

반면, 애플은 2007년 아이폰을, 2008년 '아이폰 3G'를 연달아 출시하면서 앱스토어 메뉴를 만들어 아이폰과 아이팟 용 애플리케이션(응용 프로그램)을 판매하기 시작했다. 이로 인해 애플리케이션 수요가 폭발적으로 증가해 불과 2년이 안 되는 사이에 20만 개가 넘는 애플리케이션이 개발되었다. 또한 소비자가 선호하는 분야마다 다수의 개발자가 다양한 애플리케이션을 개발했다([표 2-8] 참조). 노키아 역시 심비안을 위한 '오비 스토어ovi store'를 개설해 애플의 앱스토어를 반격했고, 후발 스마트폰 제조사들도 자체 애플리케이션 스토어를 만들었으나, 이미 시장을 선점해버린 애플을 따라잡는다는 것은 어려운 일이었다.

사실 스마트폰을 최초로 개발한 회사는 노키아였다. 1996년에 출시된 'Nokia 9000 Communicator'가 바로 최초의 스마트폰이었다. 그럼에도 불구하고 노키아가 스마트폰에서 애플에 밀리는 이유는 노키아가 개발한 스마트폰은 지금과 같은 운영체제와 애플리케이션을 기반으로 한 것이 아니었기 때문이다. 또한, 세계 최대의 피처폰 회사라는 자부심과 삼성전자의 부단한 노력에도 불구하고 계속 1위 자리를 지키게 되자 노키아는 추격당할 수 있다는 위기의식을 완전히 상실했기 때문이다. 이로 인해 노키아는 '애플리케이션 스토어'라는 새로운 기술적 패러다임을 신속히 받아들이지 못했다.

선호순	애플리케이션 유형
1	Mobile Money Transfer
2	Location Based Service
3	Mobile Search
4	Mobile Browsing
5	Mobile Health Monitoring
6	Mobile Payment
7	NFC Service
8	Mobile Advertising
9	Mobile Instant Messaging
10	Mobile Music

자료: Gartner(2010).

* 선호 순위를 매기는 기준은 1) 수입, 2) 사용자충성도, 3) 소비자의 가치, 4) 시장침투율, 5) 사업모델임

[표 2-9]를 보면 알 수 있듯이 2007년 애플이 아이폰을 처음으로 출시할 당시 노키아는 피처폰 시장에서 거의 40퍼센트 가까이 되는 세계 시장점유율을 확보한 독보적인 존재였다. 이 당시 애플은 글로벌 시장 점유율의 주요 순위에도 오르지 못한 상태였다. 따라서 노키아는 변화의 지표를 알 수 있는 데이터조차 갖지 못했고, 그로 인해 스마트폰 시장의 성장 가능성을 전혀 예측할 수 없었다.

iOS 중심의 새로운 콘텐츠 소비의 증가

애플의 앱스토어는 기존의 대형 제조사 혹은 이동통신사가 콘텐츠를 일방적으로 개발해 판매하는 것이 아닌 개인이 애플리케이션을 개발해 판매하는 개방형 웹상의 장터다. 애플은 앱스토어와 애플리케이션 개발에 필요한 개발 키트를 일정 금액을 받고 제공한다. 개발자는 애플에

[표 2-9] 세계 피쳐폰 시장점유율

회사명	2008(백만대)	시장점유율(%)	2007(백만대)	시장점유율(%)
노키아	472	38.6	435.5	37.8
삼성	199.1	16.3	154.5	13.4
모토로라	106.6	8.7	164.3	14.3
LG	102.5	8.4	78.6	6.8
소니 에릭슨	93.4	7.6	101.4	8.8
기타	284.2	20.6	218.6	18.9

자료: Gartner(2007~2008).

서 공개한 소프트웨어 개발 키트를 이용하면 누구나 자신이 개발한 애
플리케이션을 전 세계 스마트폰 이용자에게 팔 수 있다. 또한 iOS는 기
존 이동통신사가 제공하는 독립되고 제한된 인터넷 서비스와는 다르게
PC 방식에 기초한 개방형 인터넷 방식을 취함으로써 콘텐츠 활용을 높
이는 데 결정적인 역할을 했다.

애플의 빠른 성장으로 모든 애플리케이션은 먼저 애플의 iOS에 맞추
어서 출시했다. SK텔레콤의 'T 스토어', KT의 '올레 스토어'와 LG U+의
'OZ 스토어' 등 국내 통신사의 앱스토어에서도 iOS 위주의 콘텐츠를 먼
저 개발해 판매했다. iOS 위주의 콘텐츠 개발로 애플 앱스토어의 콘텐
츠 수는 빠르게 증가하는 반면 심비안 오비 스토어의 콘텐츠 수는 상대
적으로 작아 심비안을 탑재한 노키아의 스마트폰의 활용도 역시 애플
의 스마트폰보다 낮아졌다.

노키아의 운영체제인 심비안이 큰 주목을 받지 못하자 노키아는 인
텔과 사업상 제휴를 맺고 새로운 운영체제인 '미고'를 만든다. 그러나 인
텔과 노키아 두 기업 모두 하드웨어를 생산하는 기업이었지 소프트웨어

기업이 아니었기 때문에 두 기업의 제휴는 세계인의 이목을 집중시킬 만한 운영체제를 만들어내지는 못했다. 게다가 지난 2011년 2월 미국 라스베이거스에서 열린 국제소비자가전쇼International CES에서 운영체제의 완벽한 구동을 보여주지 못해 오히려 안드로이드의 '허니컴 운영체제'와 애플의 iOS에 가려지게 되었다.

삼성전자의 추격

소프트웨어 차원에서의 기술적 추격

갤럭시 S2에는 구글의 운영체제인 '안드로이드 2.3 진저브레드Gingerbread' 가 탑재되어 있다. 삼성에서 자체적으로 제작한 '바다'라는 운영체제가 있었지만 구글의 안드로이드와 애플의 iOS에 정면으로 대응하기에는 역부족이라고 판단하고, 저가형 및 보급형 스마트폰인 '웨이브Wave'에만 탑재를 했다. 대신 '갤럭시 S2'에는 글로벌 시장 공략을 위해 상대적으로 애플리케이션의 호환성이 강하고 전 세계적으로 막강한 시장점유율을 가진 안드로이드를 탑재해 중고가형 모델로 양산했다.

즉, 삼성전자는 글로벌 시장의 중고가 시장을 위해서는 안드로이드를 채택한 반면, 저가형 및 보급형 스마트폰 시장을 위해서는 자사의 운영체제인 바다를 채택하는 형식으로 병행 판매함으로서 애플의 단일 제품인 아이폰을 공략했다.

새로운 소비자층 증가에 의한 경기변동을 통한 추격

PC의 운영체제는 마이크로소프트의 윈도가 거의 독보적인 시장점유율을 가졌지만 모바일 운영체제에서는 다양한 사업자들이 경쟁 구도를 형성하게 되었다. 당초 일정 시기가 지나면 구글의 안드로이드가 우세해질 것을 예상하긴 했으나, 2010년 23.3퍼센트에서 2015년 43.8퍼센트의 시장점유율 달성이 예측되며 생각보다 빠른 속도로 성장하고 있다 ([표 2-10] 참조). 이렇게 빨리 성장하게 된 주요 이유는 안드로이드 운영체제의 개방성 때문이다. 제조사 입장에서 안드로이드는 무료로 제공되는 개방형 운영체제이면서, 새로운 버전의 출시 또한 빠르기 때문에 좋아하지 않을 수가 없었다. 소비자 입장에서도 안드로이드의 발 빠른 신 버전 출시로 인해 최신의 운영체제를 탑재할 수 있는 혜택을 누릴 수 있었다. 운영체제를 제공하는 구글 입장에서도 고품질의 서비스를 제공하기 위해 발 빠른 새 버전 출시의 노력은 이미지 제고에 큰 도움이 되었다.

반면 애플의 iOS의 시장점유율은 2010년 15.6퍼센트의 시장점유율을 가지며 2015년에는 2011년에 비해 약 1.3퍼센트 줄어들 것으로 예상된다. 노키아의 운영체제인 심비안은 2010년 36.4퍼센트의 시장점유율을 가진 데 비해 2015년의 시장점유율은 고작 0.1퍼센트일 것으로 예상된다. 노키아가 인텔과 합작해서 개발한 운영체제인 미고는 시장에서 인정받지 못해 실패한 운영체제로 남게 되었다.

애플과 노키아의 운영체제인 iOS와 심비안과 삼성전자에서 미디어 솔루션 센터에서 운용하는 운영체제인 바다는 앞서 언급된 두 운영체제에 비해 시장점유율이 극히 낮았다. 따라서 삼성전자는 세계적으로 성장 가능성이 가장 높은 운영체제인 구글의 안드로이드를 탑재한 제

[표 2-10] 운영체제별 세계 스마트폰 시장점유율

(단위: %)

운영체제	제조사	2010	2011	2015(예상)
Android	Google	23.3	38.9	43.8
Black Berry OS	Black Berry	16.0	14.2	13.4
iOS	Apple	15.6	18.2	16.9
Linux	Linux	3.0	3.7	4.5
MeeGo	Intel & Nokia	0.2	0.0	0.1
Symbian	Nokia	36.4	20.6	0.1
Web OS	HP	0.6	0.6	0.9
Window Mobile	Microsoft	4.9	3.8	20.3

자료: IDC(2011).

품을 주력 모델로 내세워, 안드로이드 운영체제의 급속한 시장 성장과 운명을 함께했다. 그 결과 2012년 3분기에 드디어 삼성전자는 피처폰과 스마트폰 시장 모두에서 노키아와 애플을 성공적으로 추격했다([표 2-11] 참조).

　위와 같이 삼성전자가 성공적으로 추격을 할 수 있었던 데는 앞에서도 언급했듯이 안드로이드 운영체제의 개방성이 큰 역할을 했다. 안드로이드는 어느 제조사이든지 탑재가 허용되었기 때문에 시장에서 제품도 많이 출시되고 이에 따라 소프트웨어의 활용도도 높아졌다. 반면, iOS와 심비안은 주로 자사 제품에만 탑재했기 때문에 다른 제조사의 기종인 경우 애플리케이션의 활용도가 개방형인 안드로이드에 비해서 현저히 뒤처짐으로써 추격을 허용했다. 노키아는 인텔과의 제휴를 통해 개발된 운영체제 미고의 실패로 인텔과의 제휴관계를 청산한 후 2011년 8월, 마이크로소프트와 제휴해 윈도 운영체제를 기반으로 한 망고폰을 만들었지만 윈도 운영체제의 폐쇄성 때문에 역시 실패할 가

[표 2-11] 2012년 3분기 세계 휴대폰 단말기 매출

(단위: 천대, %)

기업명	2012년 3분기		2011년 3분기	
	매출	시장점유율	매출	시장점유율
Samsung	97,956.8	22.9	82,612.2	18.7
Nokia	82,300.6	19.2	105,353.5	23.9
Apple	23,550.3	5.5	17,295.3	3.9
ZTE	16,654.2	3.9	14,107.8	3.2
LG Electronics	13,968.8	3.3	21,014.6	4.8
Huawei Device	11,918.9	2.8	10,668.2	2.4
TCL Communication	9,326.7	2.2	9,004.7	2.0
Research in Motion	8,946.8	2.1	12,701.1	2.9
Motorola	8,562.7	2.0	11,182.7	2.5
HTC	8,428.6	2.0	12,099.9	2.7
기타	146,115.1	34.2	145,462.2	32.9
합계	427,729.5	100.0	441,502.2	100.0

자료: Gartner(2012년 11월).

능성이 높을 것으로 여겨진다.

한때, 안드로이드는 개방성 때문에 블랙마켓이 형성되기도 했고, 개발자들의 보상 문제 때문에 위기가 발생하기도 했으며, 많은 탈옥폰jail breaking phone[5]이 등장하기도 했다. 그러나 만약 구글이 단말기 제조사를 인수하고 자사 제품에만 안드로이드를 탑재하는 폐쇄형 형태였다면 지금과 같은 혜택을 누리지 못하고 시장을 먼저 개척한 애플의 독주를 오랫동안 지켜보기만 했어야 했을지도 모른다.

결론

휴대폰 산업은 약 30년에 걸쳐 크게 두 번의 추격을 겪었으며, 추격의 요인도 변화했다. 휴대폰 산업의 발전은 조만간 PC 또는 노트북 같은 제품을 사양화시킬 것이다. 앞으로도 휴대폰 산업의 발전 가능성은 무궁무진하며, 추격의 속도 또한 더욱 가속화되고 있다. 1983년 모토로라가 최초 이동 가능 전화기인 DynaTAC을 출시한 이후 약 15년간 1위의 자리를 지키다 1998년이 되어서야 노키아가 모토로라를 추격하는 데 성공한다. 그리고 노키아는 모토로라보다 다소 짧은 약 14년 동안 1위에 머무르다 2012년 3분기부터 삼성전자에게 그 자리를 내준다. 스마트폰의 경우는 선두자리의 변화가 더욱 빠른데, 애플이 선두주자가 된 해는 2007년, 삼성전자에게 추격을 당한 해는 2012년으로 불과 5년 만에 선두주자가 뒤바뀐 것이다. 이처럼 휴대폰 산업의 주도권 변화는 매우 빨리 일어나고 있어 미래 주인공에 대한 예측이 점점 더 어려워질 전망이다.

앞에서 '기회의 창'이라는 이론틀(Lee and Ki 2014, Lee and Malerba 2014)을 통해 휴대폰 산업의 추격 역사를 살펴보았다. 그 결과 휴대폰 산업에서 주도권 이전의 기본 요인은 빈번한 기술 혁신이며, 새로운 기술 패러다임이 생겨났을 때 이를 무시하거나 적절히 대응하지 않으면 선두주자였던 기업도 완전히 도태될 수 있다는 사실을 알 수 있었다. 즉, 휴대폰 산업의 기술이 아날로그에서 디지털로 바뀔 때는 최고의 디지털 기술이 구현된 단말기의 제공이 추격의 핵심 요인이었으며, 그러한 단말기를 제공하는 제조업체가 주도권을 잡았다. 그러나 최근 스마트폰이 등장하면서 더 이상 우수한 단말기 제공이 추격의 핵심 요인이 아니라 시장 확산도가 높은 개방형 운영체제, 다양한 애플리케이션이 새로운 추격 요인으로 떠오르게 되었다. 주도권 역시 단말기 제조업체에서 운영체제 제공업체로 움직이는 현상이 나타나고 있다. 즉, 단말기에 어떤 운영체제를 채택했는지에 따라 단말기 제조업체의 운명도 달라지게 되었다.

만약 삼성이 안드로이드를 채택하지 않고 자신의 운영체제를 고집했더라면 현재 1위의 세계시장점유율을 절대로 차지하지 못했을 것이다. 따라서 산업에서 주도권을 유지하거나 새롭게 주도권을 확보하기 위해서는 어떤 형태의 기회의 창이 다가오는지 예의 주시하고, 그 기회를 극대화할 수 있도록 체계적인 분석력, 날카로운 통찰력, 혁신적인 사고를 항상 준비하고 있어야 할 것이다.

주

1 http://mobithinking.com/mobile—marketing—tools/latest—mobile—stats

2 스마트폰smartphone보다 낮은 연산 능력을 가진 저성능 휴대폰을 설명하기 위한 용어로 한국에서는 주로 '스마트폰'이 아닌 휴대폰을 통칭해서 '피처폰'이라고 부름(편저자의 주석).

3 삼성전자는 1999년 캐나다의 노텔Nortel과, 2000년에는 미국의 3Com 및 마이크로소프트사와, 2002년에는 유럽 최대 통신사업자인 오렌지그룹Orange Group 및 독일의 T—모바일과 전략적 제휴를 맺음.

4 스마트폰에 탑재할 수 있는 다양한 애플리케이션(응용프로그램)을 판매하는 온라인의 모바일 콘텐츠 장터를 의미함.

5 사용자가 제조사에서 제한한 여러 가지 기능을 사용하기 위해 잠금 장치를 해제한 폰, 즉 운영체제를 사용자 마음대로 변형시킨 폰을 의미함(편저자의 주석).

참고문헌

김기종(2008), "노키아의 성공요인과 미래전략", 산은 경제 연구소.

김동우(2011), "휴대폰시장 경쟁구도 변화 및 시사점", KB금융지주경영연구소.

김민식, 정현준(2010), "휴대폰 산업의 탈추격형 대응전략: 스마트폰을 중심으로", 『방송통신정책』, 22(1).

박남규, 최윤희, 김효정(2010), "삼성전자 모바일 사업부의 성장 모멘텀과 글로벌 플레이어 전략", 『국제경영리뷰』, 14(4), p145–189.

송위진(2005), 『한국의 이동통신, 추격에서 선도의 시대로』, 북코스모스, p94~102.

이성호, 박성배, 권기덕(2008), "휴대폰 산업의 진화와 경쟁구도 변화", 『CEO인포메이션』, 제670호, 삼성경제연구소.

이재인(2009), "초 경쟁 산업에서 기업 시장지위변화에 관한 연구: 세계 휴대폰 산업을 중심으로", 경영학 석사학위논문, 한양대학교 대학원.

짐콜린스 著, 김명철 譯(2010), 『위대한 기업은 다 어디로 갔을까?』, 김영사.

Lee, Keun, and Franco Malerba(2014), "Toward a theory of catch—up cycles: Windows of opportunity in the evolution of sectoral systems," Working paper.

_____, and Jee—hoon Ki(2014), "Successive Changes in Industrial Leadership and Catch—Up by Latecomers in Steel Industry: The US-Japan-Korea," Working paper.

ITU World Telecommunication/ICT Indicators database 2011 http://www.itu.int/ITU-D/ict/publications/world/world.html.

International Data Corporation(IDC) http://www.idc.com.

Gartner http://www.gartner.com/technology/home.jsp.

3장

게임 산업에서의
주도권 이전

신동오(삼성증권)

들어가며

『대한민국게임백서』에 따르면 2009년 세계 게임 시장은 1,173억7,200만 달러로 문화 산업에서 상당히 큰 규모를 차지하고 있다. 2009년 글로벌 금융위기에 따른 파급효과로 잠시 마이너스 성장률을 기록하기도 했으나, 2010년 다시 플러스 성장률로 돌아섰다는 점에서 꾸준한 성장 가능성을 엿볼 수 있다. 또한 게임을 즐길 수 있는 하드웨어나 게임 환경 개선으로 게임 소프트웨어의 발전도 증대되었다. 온라인 네트워크 구축으로 인한 멀티플레이 기술 향상, 3D 그래픽 기술 발전을 통한 실감나는 게임 화면 실현 등에 힘입어 현재 출시되고 있는 게임 소프트웨어는 10년 전과는 큰 차이를 보이고 있다.

게임 산업은 사용하는 플랫폼에 따라 비디오 게임, 아케이드 게임, 온라인 게임, 모바일 게임, PC게임, 다섯 개의 시장으로 구분될 수 있다. 이 다섯 시장 중에서 39.8퍼센트라는 가장 높은 세계시장점유율을 차지하는 비디오 게임 시장이 현재 게임 산업을 주도하고 있다([그림 3-1] 참조). 따라서 본 연구는 게임 산업을 주도하는 비디오 게임 시장을 주요 분석 대상으로 삼고자 한다. 더불어 온라인 게임을 포함한 PC게임(이후 이 둘을 합해 PC온라인 게임이라 칭함) 역시 연구의 대상으로 삼고자 한다. 물론 아케이드 게임과 모바일 게임도 시장점유율 수치가 높고, 모바일 게임의 경우 최근 성장률이 두드러지다는 점에서 중요하다고 할 수 있으나,

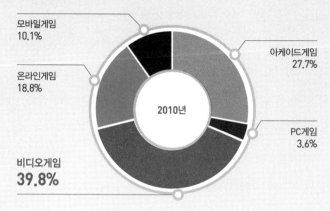

[그림 3-1] 플랫폼별 세계 게임 시장 점유율

모바일게임
10.1%

아케이드게임
27.7%

온라인게임
18.8%

2010년

PC게임
3.6%

비디오게임
39.8%

자료: 콘텐츠진흥원(2011).

아케이드 게임은 비디오 게임으로 출시된 제품이 많고 성인용 게임기가
지나치게 많다는 점에서 연구 대상에서 제외했다. 한편, 모바일 게임은
이제 막 시작된 산업으로 아직 지배적인 리더가 없다는 점에서 게임 산
업에서의 주도권 변화를 분석하는 본 연구의 목적에 적합하지 않다고
판단했다.

　우리는 본 연구를 통해 두 가지 사실을 확인하고자 한다. 첫째, 게임
산업은 첨단 IT기술에 의존하는 부분이 크고, 그 기술의 변화 또한 빠
르기 때문에 게임 산업에서 발생되는 추격 현상은 IT환경 변화에 많은
영향을 받을 것이다. 둘째, 비디오 게임과 PC온라인 게임의 추격 전략
에는 큰 차이가 없을 것이다. 비디오 게임 시장의 역사가 PC온라인 게
임 시장보다 길기 때문에 추격의 양상이 다채로울 수 있으나, 두 시장
은 동일하게 IT환경 변화에 영향을 받고 있기 때문에 마주치게 되는 '기
회의 창(Lee and Ki 2014, Lee and Malerba 2014)'이나 '추격의 주요 원인'은 비슷

할 것으로 생각된다.

이 장은 게임 산업에서 주도권이 어떤 배경 속에서 이동되어 왔는지 시대별 주요 사건을 중심으로 정리했다. 최초 주요 사건은 1970년대 최초 가정용 비디오 게임의 등장과 미국기업의 시장 주도였으며, 그 다음은 1980년대 비디오 게임을 앞세운 일본기업의 시장 주도였다. 세 번째 주요 사건은 1990년대 초 일본기업의 여전한 시장 주도와 PC패키지 게임의 등장이었으며, 네 번째는 1990년대 중·후반 비디오 게임 시장 경쟁 심화와 온라인 게임의 등장이었다. 최근 주요 사건은 2000년대 게임 시장의 양극화와 한국 온라인 게임업체의 등장이었다.

1970년대 이후 미국기업의 시장 주도

1970년대는 아타리Atari를 필두로 한 미국기업들이 게임 산업을 주도했다. 게임 산업의 역사는 1973년 미국의 아타리가 게임기 '퐁Pong'을 출시하면서 본격적으로 시작되었다.[1] 아타리가 게임 산업을 태동시키자 많은 미국기업들이 진출해 게임기 및 게임을 개발하기 시작했다. 한편 팩pack을 삽입해 게임을 하는 방식을 처음으로 도입한 '아타리 2600' 게임기가 대성공을 거두면서 미국을 중심으로 게임 산업이 크게 증대되기 시작했다. 또한, 일본 게임회사인 다이토Taito Corporation가 제작한 '스페이스 인베이더'를 1980년 1월부터 '아타리 2600'용 게임으로 출시하면서 아타리는 비디오 게임계의 독보적인 존재가 되었다.

그러나 이후 아타리는 제3자[2] 계약을 통해 조잡한 게임을 지나치게 많이 출시했고, 1983년 영화 〈E.T.〉를 게임화한 '게임 E.T.'의 대실패로 침몰하기 시작했다. '게임 E.T.'는 크리스마스 특수를 누리기 위해 5주 만에 개발되어 출시되었는데, 짧은 기간 무리하게 제작하다 보니 게임 의 질이 형편없었다. 당시 '게임 E.T.'는 500만 카피나 판매되었으나, 게 임의 조악함에 경악한 소비자들은 대부분 환불을 요구했다. 이 사건은 '아타리 쇼크'라고 불린다. 당시 미국 내 크리스마스 게임 시장은 30억 달러 규모로 추정되었으나 아타리 쇼크로 인해 게임에 대한 이미지가 급속히 악화되면서 크리스마스 게임 시장 규모도 약 1억 달러가 감소 했다. 이 사건을 계기로 게임 산업의 주도권은 일본기업으로 넘어가게 된다.

1980년대: 비디오 게임을 앞세운 일본기업의 시장 주도

아타리 쇼크로 잠시 성장을 멈춘 게임 산업을 다시 부흥의 길로 인도한 것은 일본기업들이었다. 그중에서도 닌텐도Nintendo의 활약이 눈부셨다. 닌텐도는 1981년 '동키콩Donkey Kong'을 출시하며 일본 비디오 게임 시장을 석권했다. 그리고 아타리 쇼크로 게임에 대해 부정적인 이미지를 갖고 있던 미국 시장까지 진출해 큰 성공을 거둔다. 이어 1983년에는 최초의 가정용 8비트 게임기인 '패미컴Famicom'[3]을 출시했다. 패미컴은 전 세계에 서 6,000만 대가 팔렸고, 그로 인해 닌텐도는 세계 굴지의 게임회사로 성장하게 되었다. 그리고 1985년 그 유명한 '슈퍼마리오 브라더스Super Mario Bros.'를 패미컴 용으로 출시해 큰 성공을 거두었다. 이 게임은 '패미컴 게임 붐'을 일으켰으며, 그로 인해 닌텐도는 1990년대 중반까지 게임 산업의 주도권을 잃지 않았다.

1990년대 초:
일본기업의 주도권 유지와 PC 패키지 게임 등장

닌텐도가 승승장구하고 있던 1990년대 초반 PC 패키지 게임이 등장했다. PC 자체가 게임 플랫폼의 역할을 하기 때문에 PC게임 산업에서 게임기 제조업체는 더 이상 필요가 없어졌으며, 게임 소프트웨어 개발업체와 게임 배급업체가 주요 역할을 했다. 즉, PC게임 산업은 게임 제조업체와 게임 배급업체로 역할이 구분되어 발전하는 구조를 띠게 되었다. 90년대 PC게임 업계를 주도했던 회사로는 '울펜슈타인Wolfenstein 3D', '둠Doom', '퀘이크Quake' 등 1인칭 슈팅게임First Person Shooter, FPS "회사와 게임의 혁명을 가져온 이드소프트웨어id Software, 어드벤쳐 게임을 최초로 소개한 루커스아츠, '울티마Ultima시리즈'를 탄생시킨 오리진Origin 등이 있었다. 이드소프트웨어, 루커스아츠LucasArts, 오리진 모두 미국기업으로 PC 패키지 게임 시장의 주도권이 다시 미국으로 오는 듯 했다. 그러나 PC 패키지 게임 시장은 비디오 게임 시장과 비교했을 때 규모가 너무나 작았기 때문에 전체 게임 시장의 주도권은 여전히 일본 업체들이 쥐고 있는 것으로 간주되었다.

1990년대 중·후반: 온라인 게임 등장

1990년대 후반에 들어서 초고속 인터넷이 보급되기 시작하자 PC 패키지 게임 시장은 큰 전환기를 맞게 되는데, 멀티 플레이 시스템을 적극 이용한 미국의 블리자드 엔터테인먼트Blizzard Entertainment와 최초의 온라인 게임인 '울티마 온라인'을 출시한 오리진의 등장이 그것이다. 양사는 시대의 흐름을 전략에 적극 반영함으로써 PC 게임 시장을 주도해나갔다.

한편 90년대 중반부터 비디오 게임 시장에서도 변화가 일어났는데, 닌텐도가 석권하고 있던 시장에 세가Sega가 32비트 게임기인 새턴Saturn을, 소니컴퓨터엔터테인먼트Sony Computer Entertainment, SCE가 32비트 플레이스테이션PlayStation, PS을 출시함으로써 비디오 게임 시장의 주도권 경쟁에 세가와 소니가 본격적으로 가담하게 되었다. 닌텐도는 세가와 소니의 32비트 게임기 출시에 대해 동일한 32비트로 대응하지 않고 시간을 두었다가 '닌텐도 64'라고 부르는 64비트 게임기를 먼저 출시하게 된다. 이후 128비트 게임기 시장을 놓고 세가(드림캐스트)와 소니(PS2)가 엎치락뒤치락 하다가 결국 세가는 다양한 게임을 공급할 수 있는 제3자 게임 개발자의 부족으로 소니에게 패하게 된다. 이후 세가는 콘솔 생산을 중지하고, 다른 콘솔 생산업체를 위한 제3자 게임 개발자로 전환하는데, 그마저 시장의 반응이 시큰둥하자 마이크로소프트와 계약을 해 그들의 비디오 게임 콘솔 사업의 진입을 도와준다(박태영, 2012, 120~121쪽).

최종적으로 비디오 게임 시장의 주도권을 거머쥐게 된 것은 플레이스테이션을 출시한 소니였다. 소니는 직접 게임 소프트웨어를 출시하는 세가나 닌텐도에 비교해 여러모로 기술 기반이 부족한 편이었으나, 제조 산업에서 쌓아온 기술력과 제3자 계약을 통해 다양한 게임 소프트웨어 개발자를 참여시킴으로써 비디오 게임 시장의 맹주로 자리매김을 할 수 있었다. 당시 제3자 계약으로 참여했던 남코Namco와 스퀘어 에닉스Square Enix는 각각 '철권 시리즈'와 '파이널판타지7'을 출시함으로써 3차원 역할 게임3D Role Playing Game, 3D RPG의 새 장을 열었고, 이는 소니가 승리하는 데 큰 힘이 되었다.

2000년대:
게임 시장 이분화와 한국 온라인 게임업체 부상

소니는 2001년 마이크로소프트가 'Xbox'를 출시했음에도 'PS2'를 통해 비디오 게임 시장에서 1위 자리를 굳건하게 지키고 있었다. 그러나 2006년 닌텐도의 'Wii'가 출시되자 소니는 1위 자리를 닌텐도에게 내어주게 된다. 2010년 기준 마이크로소프트의 'Xbox 360'과 소니의 'PS3' 누적판매량을 모두 합쳐야 닌텐도 'Wii'의 누적판매량과 비슷한 수준이 될 정도로 'Wii'는 대히트를 기록했다. 닌텐도의 'Wii'가 성공한 이유는 지나치게 사용이 복잡해져버린 게임기와 게임들에 대해 소비자들이 염증을 느꼈기 때문이다. 'Wii'는 남녀노소 즐길 수 있는 간단한 조작, 동적인 요소를 통해 게임에 발을 끊었던 사람들의 관심을 다시 끌어들였다.

한편 2000년대의 PC 게임 업계는 패키지 게임 메이커들의 몰락, 온라인 게임 메이커들의 부상이 가속화되었다. 싱글플레이보다 멀티플

[표 3-1] 세계 게임 시장의 현황 및 전망

구분		2007	2008	2009	2010(E)	2011(E)	2012(E)	09-12 연평균성장률 (CAGR)
비디오 게임	매출액	53,312	64,359	66,360	71,964	75,970	83,399	7.9%
	성장률	43.9%	20.7%	3.1%	8.4%	5.6%	9.8%	
아케이 드게임	매출액	30,002	31,363	27,858	26,401	25,656	25,404	-3.0%
	성장률	-16.8%	4.5%	-11.2%	-5.2%	-2.8%	-1.0%	
온라인 게임	매출액	8,523	10,363	12,642	15,384	18,037	21,243	18.9%
	성장률	32.0%	21.6%	22.0%	21.7%	17.2%	17.8%	
모바일 게임	매출액	4,947	6,073	7,279	8,528	9,858	11,081	14.3%
	성장률	33.9%	22.8%	19.9%	17.1%	15.6%	12.4%	
PC 게임	매출액	3,970	3,545	3,233	3,149	3,089	3,022	-2.2%
	성장률	-1.2%	-10.7%	-8.8%	-2.6%	-1.9%	-2.2%	
합계	매출액	100,754	115,702	117,372	125,425	132,609	144,149	7.1%
	성장률	15.4%	14.8%	1.4%	6.9%	5.7%	8.7%	

자료: 콘텐츠진흥원(2010).
*(E): 전망치

레이를 선호하는 게임에 대한 수요 변화를 잘 파악한 업체들이 성공을 거두었다. 즉, 싱글플레이를 고수하던 업체들은 고전을 면치 못했으며, 전체적으로 패키지 게임 시장은 축소되고 있었다. [표 3-1]의 PC 게임은 패키지 게임을 뜻하는데, 다른 게임 시장이 모두 성장하고 있던 2007년과 2008년에도 PC 게임 시장은 꾸준히 축소되고 있음을 알 수 있다.

한편 2000년대 온라인 게임 시장의 성장률은 다른 시장에 비해 지속적으로, 매우 큰 폭으로 증가했다. 2004년, PC 패키지 게임 개발 회사였던 블리자드는 '월드 오브 워크래프트World of War Craft'를 통해 온라인 게임 시장에 진출한다. 블리자드는 멀티플레이 서버를 운영하던 노하우를

[표 3-2] 세계 온라인 게임 Top 15 (2009년)

순위	게임명	개발사	매출	출시 연도	2008년 순위	수익 모델
1	World of Warcraft	Blizzard Entertainment(미국)	10억 달러	2004년	= (1위)	정액제
2	Fantasy Westward Journey	NetEase(중국)	4억 달러	2004년	= (2위)	정액제
3	Perfect World	Perfect World(중국)	3억 달러	2005년	▲(신규)	부분 유료화
4	Lineage Ⅰ&Ⅱ	Ncsoft(한국)	2억 7,000만 달러	1998년(Ⅰ) 2003년(Ⅱ)	▲(5위)	정액제
5	Tian Long Ba Bu	Changyou(중국)	2억 5,000만 달러	2007년	▲(신규)	부분 유료화
6	Aion	Mcsoft(한국)	2억 3,000만 달러	2008년	▲(신규)	정액제
7	MapleStory	Nexon Corp.(한국)	2억 달러	2003년	▼(3위)	부분 유료화
8	ZT Online	Giant Interactive(중국)	1억 9,000만 달러	2006년	▲(신규)	부분 유료화
9	The world of Legend	Shanda Interactive Ent.(중국)	1억 5,000만 달러	2003년	▼(4위)	부분 유료화/ 정액제
10	Final Fantasy XI	Square Enix(일본)	1억 1,700만 달러	2002년	▲(신규)	정액제
11	FarmVille	Zynga(미국)	5,000만 달러	2009년	▲(신규)	부분 유료화
12	Second Life	Linden Lab.(미국)	5,000만 달러	2003년	▲(신규)	부분 유료화/ 정액제
13	RuneScape	Jagex(영국)	5,000만 달러	2001년	▼(6위)	부분 유료화/ 정액제/광고
14	Club Penguin	Disney Interactive Studios(미국)	5,000만 달러	2005년	▼(7위)	정액제
15	Eve Online	CCP Games (아이슬란드)	5,000만 달러	2003년	▲(신규)	정액제

자료: 콘텐츠진흥원(2010).

살리는 동시에 뛰어난 그래픽과 높은 게임성을 월드 오브 워크래프트에 담았고, 결국 전 세계 온라인 게임 시장에서 선두자리를 차지한다. 반면 세계 최초 온라인 게임이었던 오리진의 '울티마 온라인'은 EA Electronic Arts가 배급을 맡으면서 점차 몰락했다.

블리자드의 부상과 함께 주목할 부분은 한국과 중국 게임업체들의 추격이다. [표 3-2]에서 보듯이 NC소프트의 '리니지Lineage'와 '아이온Aion' 넥슨Nexon의 '메이플스토리Mayplestory'는 2009년 세계 온라인 게임 매출 기준 각각 4위, 6위, 7위를 기록했다. 또한, 넥슨과 NC소프트 양사는 2010년 기준 게임회사 세계 순위 Top15에 드는 큰 회사로 성장했으며[5], 넥슨의 경우 매출액의 50퍼센트 이상을 해외에서 거둬들이고 있어 명실상부한 글로벌 기업이 되었다[6].

이 절에서는 경로 추종형Path-following, 단계 생략형Stage-skipping, 경로 창출형Path-creating, 세 가지 유형의 기술 추격 전략(Lee and Lim 2001)에 따라 콘솔 게임기 제조업체인 소니, 닌텐도, 한국 온라인 게임업체의 추격 전략에 대해서 설명하고자 한다. 더불어 소니, 닌텐도, 한국 온라인 게임업체에 어떤 유형의 '기회의 창'이 열려 그들의 추격을 가속화시켰는지에 대해서도 알아보고자 한다.

일본 콘솔 게임기 업체의 전략

소니의 추격 전략

1990년대 중반 소니가 추격하고자 했던 기업은 닌텐도와 세가였고, 결론부터 말하자면 소니가 이 두 기업을 추격하는 데 활용한 전략은 '단계 생략형' 추격이라고 할 수 있다.

소니가 'PS'를 출시하기 이전의 게임기들은 모두 16비트 게임기로 세가의 '메가드라이브Mega Drive'와 닌텐도의 '슈퍼패미컴Super Famicom'이 게임기 시장을 양분하고 있었다. 이처럼 16비트 게임기가 지배하던 시장에서 단 한 번도 게임기를 출시해본 적이 없는 소니가 16비트 게임기 출시를 생략하고 PS를 가지고 바로 32비트 게임기 시장으로 진입한 것이다.

한편 게임기 시장에서 완전 초보자였던 소니가 세가의 새턴을 능가할 수 있었던 것은 바로 '3D 그래픽' 구현 능력 때문이었다. 세가가 출시한 새턴은 2D 그래픽만 구현할 수 있었고, 닌텐도의 32비트 게임기인 '버추얼 보이Virtual Boy'는 오늘날 3D 영화와 같은 그래픽 구현을 시도하긴 했으나 검정색과 빨간색, 두 색만을 구현하는 기술력으로 인해 혹평을 받고 있었다. 반면 소니의 PS는 TV 등 가전제품 생산에서 인정받던 막강한 기술력을 앞세워 탁월한 3D 그래픽을 구현해냈다. 이를 통해 대전 격투게임인 남코의 '철권 시리즈', 역할게임의 대표인 스퀘어 에닉스의 '파이널판타지7'이 큰 빛을 볼 수 있었다. 게이머들은 이전과 다른 화려한 그래픽에 매료되었으며, 그 덕택에 소니는 게임 시장을 장악할 수 있었다.

이처럼 게임기 시장에서 완전 초보자이며 후발자였던 소니는 선도자들이 참여하고 있던 16비트 게임기와 2D 그래픽 게임기 시장을 거치지 않고 곧장 32비트 게임기와 3D 게임기 시장으로 진입하게 되는데, 이를 일컬어 단계 생략형 추격 전략이라고 한다.

이 과정에 있어서 소니에게 열린 '기회의 창'은 바로 게임기 시장의 수요 변화였다. 이전까지 2D 그래픽 게임을 출시하는 데 그쳤던 많은 비디오 게임업체들은 보다 사실적인 게임 화면 구현을 위해 3D 그래픽을 지원하는 게임기 개발이 요구되었다. 게다가 소니와 세가는 자사 게임이 많지 않거나 거의 없었기 때문에 우수한 게임 개발자를 제3자 계약으로 많이 끌어들이는 것이 무엇보다 중요했다. 결국, 소니가 개발한 게임기가 3D 그래픽을 지원할 수 있다는 소식은 많은 게임 개발자들이 소니로 발걸음을 옮기게 만드는 중요한 동기가 되었다. 한편, 이 기회를 놓친 세가와 닌텐도는 점차 시장점유율을 잃게 되었고 소니는 이 기회를 통해서 성장할 수 있었던 것이다.

닌텐도의 추격 전략

닌텐도는 1970년대와 80년대 미국기업을 중심으로 펼쳐졌던 비디오 게임 시장에서 미국기업인 아타리를 추격해 한동안 비디오 게임 시장에서 주도권을 쥐고 있었다. 그러나 3D 그래픽 기술과 32비트 게임기로 혜성같이 나타난 소니에게 주도권을 뺏겼다가 Wii를 통해 다시 추격하게 된다. 이렇게 닌텐도는 두 번의 추격의 과정을 거쳤다고 할 수 있다. 여기서는 첫 번째 추격이었던 아타리의 추격보다 두 번째인 소니의 PS 추격을 중심으로 설명하고자 한다. 그 이유는 첫 번째 추격 당시에는 게임 산업의 역사가 매우 짧고, 규모 또한 크지 않았기 때문에 분석 결과의 유용성이 상대적으로 작다고 판단되기 때문이다.

결론부터 말하자면 닌텐도는 소니의 PS 추격을 위해 '경로 창출형' 추격 전략을 활용했다. 닌텐도는 소니를 따라잡기 위해 32비트 게임기의 뒤를 잇는 64비트 게임기인 '닌텐도 64'까지 출시했으나, 결과는 그리 좋지 못했다. 뭔가 다른 아이디어를 내놓지 못하면 살아남지 못할 위기에 놓였다. 이러한 배경 속에서 나온 게임기가 바로 Wii이다. Wii는 소니의 PS3나 마이크로소프트의 Xbox 360과 다른 기술력을 자랑하고 있었는데, 그것이 바로 '동작 인식'이었다. Wii는 소니와 마이크로소프트 같은 화려한 그래픽은 없었으나, 동작 인식 기술을 최초로 게임기에 도입하면서 큰 성공을 거두었다. 이에 자극받은 마이크로소프트 역시 비디오 게임에 동적인 요소를 부여한 '키넥트Kinect'라는 게임기를 출시해 닌텐도를 추격했다. 즉, 닌텐도는 '빠른 속도 및 화려한 그래픽'이라는, 비디오 게임 시장이 기존에 가지고 있던 경로에서 탈피해 동작 인식이라는 전혀 새로운 경로를 창출해 성공적으로 소니를 추격할 수 있었다.

추격 과정에서 닌텐도에게 열린 기회의 창은 게이머들의 인식 변화에서 찾을 수 있다. 닌텐도를 부활하게 한 Wii는 경쟁 게임기인 소니의 PS3와 마이크로소프트의 Xbox 360과 비교했을 때 그래픽 수준이나 성능 면에서 떨어지는 편이었다. 그러나 게임기 하드웨어의 지속적인 발전에 더 이상 게이머들은 감흥을 느끼지 못하고 현실에 가까운 화면 구현과 복잡한 게임보다는 좀 더 원초적인 조작법을 지닌 게임을 원하고 있었다.

그런 점에서 2007년 닌텐도 Wii의 출시는 게임 소프트 업계에 큰 파장을 가져왔다. Wii는 컨트롤러에 모션 센서를 구현해 몸을 움직이며 게임을 할 수 있는 환경을 구현했는데, 몸을 움직이며 즐길 수 있다는 단순한 게임 조작성 덕분에 폭발적 인기를 얻을 수 있었다. 일반적으로 게임은 '남성들이 즐기는 것'이라는 이미지가 매우 뚜렷했고 실제로 게임을 즐기는 사람들 중 여자의 수는 미미한 수준이었다. 그러나 Wii의 출시 이후 남자만 게임을 한다는 고정관념을 깨고 많은 여성들이 게임에 참여하기 시작했다. [그림 3-2]와 [표 3-3]은 닌텐도가 얼마나 게이머들의 수요를 잘 파악했는지 보여준다. 닌텐도의 Wii는 마이크로소프트의 Xbox 360과 소니의 PS3보다 늦게 출시되었으나, 가장 빠른 속도로 최고의 판매량을 달성했다([그림 3-2] 참조).

한국 온라인 게임업체들의 전략

한국 온라인 게임업체를 대표하는 기업으로는 넥슨과 NC소프트가 있다. 두 회사는 온라인 게임 전문업체로 시장에 뛰어들었다는 것이 공통점이다. 넥슨은 1996년 최초의 머그Multi-User Graphic Game, MUG 게임인 '바람의 나라'를 개발하면서, NC 소프트는 1997년 '리니지'를 상용화하면서

[그림 3-2] 비디오 게임 기종별 누적 판매량 추이 비교

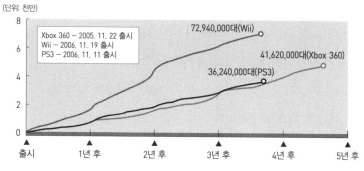

자료: VGChartz(2010. 8. 8).

[표 3-3] 전 세계 게임 소프트웨어 판매량

순위	게임	2009년	누적판매량
1	Wii Sports (Wii) Nintendo	19,019,730	58,052,497
2	Wii Sports Resort (Wii) Nintendo	12,494,167	12,494,167
3	New Super Mario Bros (Wii) Nintendo	9,962,440	9,962,440
4	Call of Duty: Modern Warfare 2(XBOX 360) Activision	8,882,753	8,882,753
5	Wii Fit (Wii) Nintendo	8,784,589	22,465,068

자료: 콘텐츠진흥원(2010).

게임 산업에 진입했다. PC 패키지 게임을 통해 성공을 거둔 뒤에 온라인 게임 서비스를 실시했던 미국 PC 게임 업체들과는 달리 넥슨과 NC소프트는 바로 온라인 게임 서비스 시장에 진출했다는 점에서 미국의 블리자드와 오리진과 차이를 보인다. 소니가 16비트와 2D게임기 시장을 건너뛰고 바로 32비트와 3D게임기 시장에 뛰어든 것과 유사하게 한국의 온라인 게임업체 역시 단계생략형 추격 전략을 활용했다. 또한, 한국 온라인 게임업체들은 성공을 거둔 이후에도 다른 유형의 게임 시장으로 확장하지 않고 온라인 게임 시장에만 머무는 점에 있어서도 일본이나 미국의 게임회사와 차이를 보인다.

한국 온라인 게임 업체들에게 열렸던 '기회의 창'은 한국 내 초고속 인터넷의 빠른 보급이었다. 1990년대 후반 선진국과 비교하더라도 한국의 초고속 인터넷의 보급 속도는 놀라울 정도로 빨랐다. 최초 머그 게임인 '바람의 나라'의 경우 초고속 인터넷이 보급되기 이전에 상용화되

긴 했으나, 본격적으로 온라인 게임이 인기를 누릴 수 있었던 데는 초고속 인터넷 보급이 큰 역할을 했다. 또 다른 '기회의 창'으로 게이머들의 수요 변화를 들 수 있는데, 게이머들은 좀 더 새로운 게임을 요구하기 시작했다. 역할게임이나 전략시뮬레이션에 이미 신물이 나 있던 게이머들은 넥슨의 '크레이지아케이드 비앤비Crazy Arcade BnB'와 '카트라이더Kartrider' 같은 게임에 신선함을 느꼈다. 크레이지아케이드 비엔비는 추억의 게임인 '봄버맨Bomberman'을 온라인 게임화 한 것으로 엄청난 인기를 끌었으며, 카트라이더는 귀여운 캐릭터와 간단한 조작법을 앞세워 여성들에게도 많은 호응을 얻었다. 이는 닌텐도의 Wii처럼 게이머의 니즈를 구체화시켜 새로운 장르로 보여주었다는 점에서 경로 창출형 추격 전략을 활용했다고 할 수 있다.

결론

본 연구에서는 게임 산업 내에서 추격과 추락이 어떠한 양상으로 이루어지고 있으며, 기업마다 추격의 전략이 어떻게 달랐는지 살펴보았다. 게임 산업 내에서 추격의 기회는 다른 산업과 마찬가지로 환경이 변화할 때 주어지는데, 특히 기술 패러다임의 변화는 후발자가 선발자를 추격할 수 있는 좋은 기회로 작용했다.

앞에서 살펴보았듯이 미국의 PC 게임 업체들의 경우 PC 자체가 소비자들에게 널리 보급되지 않았더라면 시장에 출현조차 어려웠을 것이며, '멀티플레이multi-play'기술을 구현하지 못한 기업은 실제로 시장에서 사라졌다. 그 대표적인 예로 이드소프트웨어와 맥시스Maxis인데 이들은 각각 제니맥스 미디어ZeniMax Media[7]와 EA Electronic Arts에 합병되었다.

소니가 게임 산업의 경험이 전혀 없음에도 불구하고 세가와 닌텐도를 추격하는 데 성공한 이유도 32비트와 3D기술의 변화를 그들보다 한 발 앞서 받아들였기 때문이다. 닌텐도 역시 동작 인식 기술을 비디오 게임에 수용함으로써 소니나 마이크로소프트의 게임과 전혀 다른 새로운 게임을 제공할 수 있었다. 한국 온라인 게임업체 또한 초고속 인터넷의 빠른 보급 덕분에 온라인 게임 개발에 더욱 몰두할 수 있었다.

결국 소니, 닌텐도, 한국 온라인 게임업체들의 추격 과정을 살펴보았을 때 공통적으로 작용했던 기회의 창은 기술 패러다임의 변화였음을 알 수 있다. 또한, 후발자가 선발자를 성공적으로 추격하기 위해서는 선발자의 경로를 추종하는 전략만으로는 부족하고, 선발자의 경로를 먼저 앞지르거나 미처 생각지 못했던 새로운 경로를 만들었을 때 더욱 유리해진다는 것을 발견했다. 따라서 IT기술의 빠른 변화에 의존도가 높은 게임 산업에서 주도권을 한시라도 놓치지 않기 위해서는 모바일 매체와 무선 인터넷의 확산, 비디오 게임과 온라인 게임의 결합 등 게임 산업 내에 일어나게 될 기술 변화 요인들을 예측하고 어떤 기회를 활용해야 할지 남들보다 먼저 대비하는 자세가 필요하다.

주

1 이전에도 개발된 게임이 없었던 것은 아니나, 처음으로 상업적인 성공을 거두어 '게임'을 최초로 세상에 널리 알린 회사가 아타리Atari이기 때문에 본격적으로 게임 산업의 문을 연 기업이라고 할 수 있음.

2 각 게임기에 맞는 게임을 제작하는 회사를 일컬음.

3 패미컴의 완전한 명칭은 패밀리 컴퓨터(일본어: ファミリーコンピュータ)로 닌텐도에서 1983년 7월 15일 발매한 가정용 게임기로 FC라고도 불림. 아시아 이외 지역의 북미와 유럽에서는 NES(Nintendo Entertainment System 닌텐도 엔터테인먼트 시스템)라는 이름으로 발매되었음(편저자의 주석).

4 게임의 캐릭터 시점을 통해 이루어지는 대전對戰 컴퓨터·비디오 게임으로, 다양한 무기와 제한된 탄약을 가지고 조준·발사 조작을 하는 게임만을 일컬음(편저자의 주석).

5 2011년 5월 25일자 www.gameshot.net의 기사 참조함.

6 넥슨 홈페이지(http://www.nexon.com/home/index.aspx) 참조함.

7 베데스다 소프트웍스Bethesda Softworks의 모회사임.

참고문헌

박태영(2012), 『사례를 통해 바라본 전략적 혁신관리』, 전남대출판사.

콘텐츠진흥원(2010), 『대한민국 게임백서』.

Lee, Keun and Chaisung Lim(2001), "Technological Regimes, Catching-up and Leapfrogging: Findings from the Korean Industries," Research Policy, Vol.30(3), p459~483.

_____, and Franco Malerba(2014), "Toward a theory of catch-up cycles: Windows of opportunity in the evolution of sectoral systems," Working paper.

_____, and Jee-hoon Ki(2014), "Successive Changes in Industrial Leadership and Catch-Up by Latecomers in Steel Industry: The US-Japan-Korea," Working paper.

VGChartz http://www.vgchartz.com.

4장

휴대용 음악재생기 산업에서의
주도권 이전

이수정(한국투자증권)

들어가며

휴대용 음악재생기Portable music player 산업은 일본 소니가 '워크맨Walkman'이라는 카세트테이프 플레이어Cassette Tape Player를 개발하면서 시작되었다고볼 수 있다. 이후 콤팩트디스크 플레이어Compact Disc Player, CDP 시장에서도주도권을 잃지 않던 소니는 MP3MPEG Audio Layer III방식과 MP3 플레이어(이후부터 MP3P로 칭함)의 등장으로 인해 한국에 추격을 허용하고 말았다. 그러나 얼마 되지 않아 MP3P 시장의 후발주자인 미국 애플의 '아이팟iPod'은 한국과 여타 선발주자들을 추격하고 MP3P 산업의 주도권을 잡았다.

그렇다면 한국이 MP3P 시장에서 약진할 수 있었던 주요 요인은 무엇이었고, 금세 애플에게 추격당한 원인은 무엇이었을까? 본 연구는 이러한 의문점에서 출발해 휴대용 음악재생기 산업에서 기업 간, 국가 간추격을 결정짓는 요인을 살펴보고자 한다. 분석의 대상은 휴대용 음악재생기 산업에서 일어났던 주도권 변화와 추격의 과정이며, 분석의 틀로는 Lee and Ki 2014, Lee and Malerba 2014, 그리고 Lee, Park and Krishnan(2014)이 언급했던 세 가지 유형의 기회의 창과 Malerba(2002, 2004)의 주요 연구 업적인 '산업별 혁신시스템Sectoral System of Innovation, SSI'을활용하고자 한다.

본 연구는 다섯 부분으로 구성되어 있으며, 먼저 세계 휴대용 음악재생기 산업에 대한 역사적 고찰을 통해 추격과 산업 주도권에 대해 정의하고자 한다. 그런 다음 휴대용 음악재생기 산업의 특성 및 기술 체제를 살펴보고, 한국의 일본 추격을, 다음으로 미국의 한국 추격을 다룰 것이다. 추격에 대한 분석은 산업별 혁신시스템의 주요 구성 요소인 지식 및 기술 체제, 시장 조건 및 수요 체제, 주요 주체들의 역할 측면에서 살펴볼 것이다. 마지막으로 연구 결과의 요약 및 결론을 통해 본 연구를 마무리하고자 한다.

세계 휴대용 음악재생기 산업의 역사

휴대용 음악재생기 산업에서의 추격 및 주도권의 정의

일반적으로 추격은 후발주자가 선발주자를 뒤쫓으며 그 차이를 좁혀나갈 때 쓰이는 말이다. 그렇다면 추격의 달성 기준은 무엇으로 측정할 수 있을까? 휴대용 음악재생기 산업은 제조 산업이므로 매출액과 시장 점유율을 통해 추격 여부를 판단할 수 있을 것이다.

한편, 휴대용 음악재생기의 유형이 다양하기 때문에 연구를 위해서는 특정 대상을 꼽을 필요가 있는데, 본 연구에서는 주요 시점마다 휴대용 음악재생기 산업을 주도하는 시장만을 중점적으로 다루고자 한다.

그리고 그 시장에서 점유율이 제일 높은 기업을 산업 주도권을 가진 기업으로 정의하고, 뒤늦게 참여한 후발주자가 산업 주도권을 탈환하는 현상, 즉 시장점유율 1위를 탈환하는 현상을 추격으로 정의하겠다.

세계 휴대용 음악재생기 산업에서의 추격 및 주도권 변화

일본 소니의 워크맨

1970년대 초반까지만 해도 어디서나 원하는 음악을 편하게 듣는다는 것은 그야말로 꿈같은 일이었다. 당시 음반 시장의 주류를 이루던 LP레코드Long Playing record는 재생기의 크기가 워낙 커서 애당초 휴대용으로 만드는 것이 불가능했기 때문이다. 1962년에 네덜란드의 필립스Philips가 손바닥만 한 크기를 가진 카세트테이프를 발표해 주목을 받기도 했지만, 초기의 카세트테이프는 음질이 떨어지고 고장이 잦아서 음악 감상용으로는 부적합하다는 의견이 많았다. 다만, 녹음이 편하고 휴대가 편하다는 점은 인정을 받았고, 이 때문에 초기의 카세트테이프는 언론 취재용, 회의 녹취용, 어학 교육용과 같은 용도로 주로 쓰였다. 그래서 카세트테이프를 사용하는 기기들 역시 재생 기능보다는 녹음 기능을 중시했고, 외부 스피커를 기기 본체에 부착시켜 녹음한 내용을 곧장 확인할 수 있게끔 한 제품이 대부분이었다. 이렇게 다양한 기능을 모두 갖춘 카세트테이프 레코더는 당연히 크기가 커질 수밖에 없었고, 당시의 기술력으로는 제품의 크기를 줄이는 데 한계가 있었다.

그러나 1979년 일본 소니가 '워크맨'을 출시하면서 시장은 새로운 국면을 맞이하게 되었다. 워크맨은 이전에 나왔던 카세트테이프 기기와 달리 녹음 기능이 없는 재생 전용 기기였으며, 자체적으로 소리를 재생할 수 있는 스피커도 내장하고 있지 않아 반드시 헤드폰을 사용해야만 했다. 하지만 그만큼 제품의 크기를 획기적으로 줄일 수 있었으며, 모든 기능을 재생에 집중한 결과, 당시의 소형 기기로서는 생각할 수 없었던 고음질의 스테레오 음악을 들을 수 있게 되었다.

최초의 워크맨인 'TPS-L2' 모델은 1979년 7월 일본에서 처음 출시되었는데, 가격은 당시의 휴대용 카세트테이프 레코더보다 저렴한 3만 3,000엔이었다. 이렇게 공격적인 가격 정책을 펼 정도로 소니는 이 제품에 큰 기대를 걸었다. 그러나 기존 제품에 비해 지나치게 파격적이라는 이유로 워크맨은 출시 초기에는 언론의 혹평을 받았으며, 출시 첫 달 워크맨 판매량은 불과 3,000대에 불과했다. 하지만 음질이 좋고 사용이 편리하다는 입소문이 점차 퍼지고 여기에 소니의 적극적인 홍보가 더해진 결과, 워크맨은 출시 2개월 만에 초기 생산 물량인 3만 대가 모두 매진되었으며, 그 이후부터는 생산이 수요를 따라가지 못할 정도로 인기를 끌기 시작했다.

일본 시장에서 성공적인 데뷔를 마친 워크맨은 1980년부터 미국 시장을 시작으로 수출을 시작했다. 그런데 문제는 제품명이었다. '워크맨'이라는 이름은 '자유롭게 걸어 다니며 음악을 즐긴다'는 의미로 지어진 이름이지만, 사실 영어 문법에는 맞지 않는 일본식 조어였다. 그래서 미국판 워크맨은 'Sound(음악)'와 'Walk about(산책하다)'을 조합한 '사운드 어바웃Sound about'이라는 이름으로 판매를 시작했다. 하지만 일본에 워크맨이 처음 등장했을 때의 파급력이 워낙 컸고, 해외 정식 출시 이전부터 일본판 워크맨이 해외에 대량으로 유출되어 판매되고 있었기 때문에 워크맨이라는 이름은 이미 매우 높은 지명도를 가지고 있었다. 이러한 이유로 해외 출시 1년도 지나지 않아 소니는 국가에 관계없이 제품 브랜드를 '워크맨'으로 통일하게 된다.

이후 워크맨은 녹음 기능을 갖춘 모델, 라디오 수신 기능을 갖춘 모델 등 다양한 후속 제품을 만들면서 점점 높은 인기를 얻었다. 초기 제품 출시부터 10년이 지난 1989년까지 워크맨 시리즈는 총 5,000만 대를 판매했으며, 이로부터 3년이 지난 1992년에는 1억 대를 돌파할 정도로 날개 돋친 듯 팔려나갔다. 이를 지켜본 마쓰시타(현재의 파나소닉), 산요, 아이와 등의 경쟁사에서도 소니의 워크맨과 비슷한 유사모델을 제조해 판매하기 시작했지만, 소비자들은 제조사와 관계없이 모든 휴대용 카세트테이프 재생기를 '워크맨'이라고 부르곤 했다. 비록 엉터리 영어이긴 했지만 폭발적인 인기에 힘입어 보편적으로 쓰이는 일반 명사와 같은 위치까지 오른 것이다. 심지어 'Walkman'이라는 단어가 1986년 영국의 옥스포드 사전에 등재되었다.

워크맨은 휴대용 카세트테이프 음악재생기라는 인상이 강하지만, 그 외의 매체를 사용하는 소니의 휴대용 음악재생기는 전부 워크맨 시리즈에 포함된다. 1984년, 소니는 세계 최초의 휴대용 CD 플레이어인 'D-50'을 '디스크맨Discman'이라는 이름으로 출시했는데, 1988년부터 디스크맨 시리즈 중에서도 8센티미터의 소형 CD를 사용하는 일부 모델은 'CD워크맨'이라는 이름을 사용하기 시작했으며, 1997년부터는 모든 휴대용 CD 플레이어 모델의 제품명이 'CD워크맨'으로 통일되었다.[1]

한국의 MP3P 개발

1990년대에 들어서면서 휴대용 음악재생기 시장은 급격한 변화를 맞이한다. 카세트테이프, CD, MDMini Disc가 아닌 디지털 음악 파일을 매체로 사용하는 재생기가 각광받기 시작한 것이다. 디지털 음악 파일은 종류가 매우 다양하지만, 그중에서도 MP3 형식의 파일이 가장 많이 쓰였기에 디지털 음악 파일 재생기는 통칭 'MP3플레이어'로 불리게 되었다.

소니는 MP3P 시장이 본격적으로 열렸음에도 한동안 기존의 워크맨과 CD워크맨, MD워크맨 등 자사의 기존 사업 영역을 지키는 데 여전히 많은 힘을 쏟았다. 그렇다고 해서 소니가 MP3P 시장을 완전히 등한시 한 것은 아니었다. 1999년 소니는 디지털 음악 파일의 재생이 가능한 '네트워크 워크맨(통칭 NW워크맨)'의 첫 번째 제품인 'NW-MS7'을 내놓았다. 하지만 이 제품은 타사의 MP3 플레이어와 달리 MP3 파일의 재생이 불가능했고, 대신 소니에서 독자적으로 개발한 'ATRAC3' 파일만 재생할 수 있었다.

ATRAC3 파일은 이론적으로 같은 용량의 MP3 파일에 비해 음질이 우수하지만 일부 소니 제품에서만 사용이 가능하다는 단점이 있었다. 더욱이, 너무나 강력한 보안 기능을 갖추고 있어서 다른 사람과 파일을 공유하기도 어려웠다. 때문에 워크맨 사용자들이 다운로드 받은 MP3 파일을 듣기 위해서는 전용 소프트웨어인 '소닉 스테이지SonicStage(출시 당시의 이름은 OpenMG Jukebox)'를 사용해 파일 형식을 ATRAC3로 바꾼 뒤 기기 내로 전송하는 불편한 과정을 거쳐야 했다.

2001년이 되어서야 소니는 일반 MP3 파일도 재생할 수 있는 워크맨을 내놓았으나 파일 전송 시에 소닉 스테이지를 꼭 써야 하는 번거로움은 변하지 않았다. 2008년에 이르러서야 간단하게 드래그 앤 드롭Drag & Drop, 끌어다 놓기 방식으로 파일 전송을 할 수 있는 워크맨이 출시되기 시작했으나 이미 다른 기업들이 MP3P 시장을 장악한 상태였다. 결국 출시 연도부터 2010년까지 총 2억2,000만 대를 판매한 카세트테이프용 워크맨은 이 해를 마지막으로 일본 내 제조 및 판매가 중단되었다. 중국 및 제3세계를 대상으로 한 제조 및 판매는 적은 양이나마 계속되고 있지만 대부분의 사람들이 생각하는 '원조' 워크맨의 명맥은 이것으로 끝났다고 할 수 있다.

한편 MP3P는 MP3파일을 사람이 들을 수 있도록 하는 장치로 여러 가지 부품과 소프트웨어로 구성되어 있다. 이 기기는 종전의 카세트테이프 플레이어와 비교해볼 때 큰 차이를 가지고 있는데, 차이의 핵심은 디지털 신호처리Digital Signal Processing, DSP[2], MICOMMIcroprocessor COMputer[3], 코덱Codec[4]으로 디지털 신호의 처리와 관련이 깊다.

1997년 국내업체인 새한정보시스템이 MP3파일을 재생할 수 있는 휴대용 플레이어를 개발했는데, 이것이 최초의 MP3P이다. 그래서 한국은 1998년 2월 세계 최초로 휴대용 MP3P '엠피맨mpman-F10'을 내놓게 된다. 엠피맨은 손바닥만 한 크기에 무게는 65g으로 지금과 비교하면 엄청 큰 덩치를 갖고 있었지만, 당시에는 획기적인 제품이었다. MP3P 시장은 급속히 성장해 이를 만든 한국의 벤처기업은 한때 세계적인 주목을 받았다. 한국이 개발한 MP3P가 종전 카세트테이프 플레이어의 대명사인 소니의 워크맨을 순식간 옛것으로 만들어 시장에서 퇴출시켜버렸기 때문이다. 첨단 기술과 함께 더해진 깜찍한 디자인은 세계 시장을 놀라게 했다. 한국 IT 관련 업체들이 글로벌 시장을 주도한 것은 MP3P

가 최초였다. 특히 레인콤은 회사 설립 5년 만에 '아이리버' 브랜드로 플래시메모리Flash memory 타입 MP3P 세계시장점유율 1위와 국내시장점유율 1위의 실적을 올리며 벤처신화의 주인공으로 떠올랐다.

미국 애플의 아이팟

MP3P 시장에서 한동안 한국기업들의 약진이 있었으나, 명실 공히 MP3P의 최강자로 우뚝 선 것은 전 세계 누적 판매량이 3억 대를 돌파한 애플 '아이팟iPod'이었다. 당시 플래시메모리를 사용했던 다른 MP3P와는 달리, '아이팟 1세대'는 1.8인치 하드디스크 드라이브Hard Disc Drive, HDD를 채택했다. 가능한 많은 음악을 담기 위해서였다. "1,000개의 노래가 호주머니에(1,000 songs in your pocket)"라는 슬로건이 이를 나타낸다. 대신 가격이 399달러로 매우 비싼 편이었다. 전문가들은 가격이 너무 높다며 비판적인 시각을 보였지만 소비자들은 그렇게 생각하지 않았다. 아이팟은 그야말로 날개 돋친 듯 팔렸다.

애플은 매년 새로운 아이팟을 선보였는데, 기본형 제품인 아이팟 클래식에서부터 크기가 절반으로 줄어든 아이팟 미니, 플래시메모리 기반의 아이팟 나노, 액정화면을 없애고 꼭 필요한 부분만 남긴 아이팟 셔플, 터치로 동작하는 아이팟 터치 등 수많은 제품들이 시장을 강타했다. HDD MP3P 시장뿐 아니라 플래시메모리 MP3P 시장까지 장악하면서 애플은 세계 최고의 MP3P 기업이 되었다. 최근 아이폰 등장 이후로 카니발라이즈[5]를 겪고 있긴 하지만 아이팟은 여전히 세계에서 가장 많이 팔리는 MP3P이다.

아이팟의 성공은 과거 카세트테이프 플레이어 시장에서 소니의 워크맨이 차지했던 위상과 견줄 만하다. 워크맨이라는 상품명이 카세트테이프 플레이어라는 보통명사보다 더 널리 쓰였듯이, 영어권 시장에서 아이팟은 MP3P를 대체하는 보통명사가 되었다.[6]

휴대용 음악재생기 산업의 특징 및 기술 체제

휴대용 음악재생기 산업은 음악을 구현하는 매체에 따라 시장이 세분화된다. 예를 들면 카세트테이프, CD, MD, MP3 중에서 어느 매체를 재생하느냐에 따라 카세트테이프 플레이어, CDP, MDP, MP3P로 명칭과 형태가 구별된다. 결국 당대의 오디오 표준이 되는 매체가 있고, 그 매체를 재생할 수 있는 휴대용 음악재생기가 산업을 주도한다고 볼 수 있다.

휴대용 음악재생기 산업은 기술 혁신이 빈번하긴 하지만, 기술 발달 경로는 비교적 예측 가능성이 높은 편이었다. LP가 1948년, 필립스의 콤팩트 오디오카세트Compact Audio-Cassette가 1962년, CD가 1980년대, MP3가 1990년대 순으로 매체가 먼저 개발되었고, 이에 발맞춰 재생기 기술이 개발되었다. 1979년 소니의 카세트테이프 플레이어 워크맨이 출시된 이래로 30년이 채 안 되는 기간 동안 휴대용 음악재생기 기술은 혁신을 거듭해왔다. 결론적으로 휴대용 음악재생기 산업은 기술 혁신이 빈번하게 발생하긴 하지만(기술 기회성이 높지만) 기술 발달 경로에 대한 예측 가능성이 높기 때문에 후발주자 입장에서 연구개발만 제대로 한다면 비교적 빠르게 선발주자를 추격할 수 있다는 것을 알 수 있다.

또한, 휴대용 음악재생기 산업은 기술의 전유성appropriability이 높지 않은 것으로 여겨진다. 자체 기술개발 능력이 없이는 경쟁력 있는 상품을 만들어내기 어렵지만 그렇다고 제품 자체를 만드는 것이 어려운 것은 아니다. 혁신적인 휴대용 음악재생기가 발명되어 새로운 음악재생기 시장이 개척되면, 곧이어 저가 전략을 취한 수많은 카피캣copycat들이 출시되는 것을 봐도 알 수 있다. 이는 후발주자들이 선발주자의 혁신 결과를 모방해 추격을 쉽게 할 수 있음을 의미한다.

반면, 휴대용 음악재생기 산업은 기술의 누적성cumulativeness이 높아 어느 수준에 도달하면 후발주자가 쉽게 쫓아올 수 없는 성격을 가진다. 그렇지만 앞서 언급했듯이 당대 오디오 표준이 되는 매체를 재생할 수 있는 재생기 시장만이 산업을 지배하는 특성이 있어서 기술의 누적성이 높다고 하더라도 다른 기술이 표준으로 채택되면 그 순간 누적성의 의미는 사라지게 된다. 예를 들면 아날로그 저장 방식의 카세트테이프에서 디지털 저장 방식의 CD로 표준 매체가 변화했을 때 카세트테이프 플레이어에 대한 기술의 누적성이 높았던 기업들은 CD플레이어 시장에서 속수무책이었다. 따라서 휴대용 음악재생기 산업은 높은 기술의 누적성이라는 특성을 갖고 있을지 모르지만 기존 기술의 누적성을 무력화시키는 기술이 등장하게 되면 후발주자들은 이와 같은 기술의 변화를 선도함으로써 성공적인 추격을 달성할 수 있는 기회를 얻게 된다. 대표적인 예로 오디오 표준으로 MP3 방식이 등장했을 때 시장을 지배하던 소니가 이 새로운 기술에 제대로 대응하지 못하고 한국기업과 애플로부터 추격을 당한 것을 들 수 있겠다.

한국은 MP3방식이라는 새로운 기술 패러다임을 기회의 창으로 활용해 추격에 성공했다고 볼 수 있다. 또한, Lee and Lim(2001)의 연구에서 제시한 세 가지 유형의 '추격 모델' 중에서 한국은 'MP3P'라는 기존에 없던 음악재생기를 만들어내어 새로운 경로를 개척한 경로 창출형 추격으로 구분 지을 수 있다.

다음은 한국이 휴대용 음악재생기 시장에서 어떻게 일본의 소니를 추격했는지 기술 체제, 수요 체제, 관련 주체들의 역할 측면에서 하나씩 살펴보도록 하겠다.

기술 체제: 기술 혁신의 빈번성

MP3방식은 독일 프라운호퍼Fraunhofer Gesellshaft연구소에서 태어났다. 이 연구소는 1980년대부터 디지털 음악과 영상 등 디지털 매체에 대한 연구를 시작했으며, 1990년대 초 디지털 음악 표준(안)을 마련, 국제전자전기기기기술자협회Institute of Electrical and Electronics Engineers, IEEE에 제출했다. IEEE가 이를 채택하는 동시에 'MP3'라는 이름을 부여한 것은 1995년 7월 14일이었다.

MP3의 등장으로 온라인 음악 유통이라는 새로운 산업이 태어났다. MP3는 공짜 음악을 즐기는 전 세계 네티즌들 사이에 폭발적인 인기를 끌었지만 여전히 인터넷과 컴퓨터 안에 갇혀 지내는 한계가 있었다. MP3가 길거리를 활보할 수 있도록 만든 것은 우리나라의 한 엔지니어(전 디지털캐스트 사장)였다. 1997년 그는 언제 어디서나 MP3형식의 음악파일을 들을 수 있는 '디지털 음악재생기MP3P'를 세계 최초로 개발했고, 그가 사장으로 있던 디지털캐스트는 시제품을 시장에 내놓았다. 세계적인 대형업체들이 기존 시장(예: CDP, MDP)을 잠식할 우려 때문에 개발을 주저하는 사이에 디지털캐스트는 이러한 우려의 필요성이 전혀 없는 후발주자의 장점을 살려 앞서갈 수 있었던 것이다. 따라서 'MP3P=한국'이라는 등식이 만들어졌고 당연히 우리나라 업체들이 초기 MP3P 시장을 주도하게 되었다. 2005년 9월에 발간된 IDC자료에 따르면 한국의 벤처기업 레인콤은 플래시메모리 타입 MP3P 세계 시장에서 2004년 말 기준 10.4퍼센트의 시장점유율로 업계 1위를 차지했고 이후 점유율은 30퍼센트까지 상승했다.

시장 조건 및 수요 체제: 시장 선점 효과

《월스트리트저널》 2005년 6월 29일자[7]에 따르면 소니는 일찍 상품을 개발해놓고도 내부 부서 간 의견 차와 커뮤니케이션의 어려움으로 출시 시기 등을 놓쳐 고전했다고 한다. 소니는 1998년부터 온라인 음악 시장에 진출할 것을 고려해왔다. 당시 대학생들이 PC에 저장된 음악이나 영화파일 등을 온라인에 올려 공유하는 것이 큰 인기를 끌었다. 소니는 이 같은 움직임을 포착하고 디지털 음악기기와 기술을 개발해 제공할 계획을 세웠지만 곧 난관에 부딪혔다. 당시 소니의 미국사업부문이 음반사인 CBSColumbia Broadcast System레코드를 보유하고 있었는데, CBS 레코드측이 저작권 침해 문제가 해결될 때까지 음악 서비스 제공을 보류할 것을 강력하게 요청해왔던 것이다. 소니는 결국 새로운 디지털 음악재생기 출시 대신에 PC 그룹, 워크맨 그룹이 각기 개선된 제품을 출시하고, 자체 음악 다운로드 서비스를 제공하는 포털 서비스를 내놓는 것에 그쳤다.

『소니 침몰』의 저자 미야자키 타쿠마에 따르면 새로운 수요 변화에 대한 소니의 늦장대응의 또 다른 이유로 같은 회사 직원들 간 의사소통을 어렵게 만드는 '사업부제 도입'을 손꼽는다. 사업부제는 오가 노리오 사장이 소니를 이끌던 1994년부터 시작되었다. 사내 경쟁을 촉진하기 위해 도입된 이 제도는 플레이스테이션과 워크맨 등을 개발하는 데 기여했지만, 그 후 지나친 경쟁으로 이어져 비슷한 제품이 부서별로 중복 출시되는 경우가 늘어났다고 미야자키는 주장한다. 그러한 이유는 각 부서가 부서 내부의 업무에만 신경을 쓰느라 다른 부서의 상황을 잘 이해하지 못하고, 해당 부서가 추진하는 방향과 다른 요구가 타 부서에서 들어올 경우 이를 무시하는 경우도 많았기 때문이다.

잘못된 전략적 선택 또한 MP3P시장에서 소니가 실패한 원인으로 볼 수 있다. 소니는 1990년대 CD를 이을 매체로 MD Mini Disk를 선정하고 관련 사업을 중점적으로 추진해왔다. 이 선택은 MP3P의 등장과 시장 주도가 가시화되고 있는 상황에서도 변하지 않았고, 소니는 MP3P를 외면하는 대신 모든 자원을 MD 사업에 쏟아 붓는 악수를 두었던 것이다.

한편 1999년 설립된 한국 벤처회사인 레인콤은 2000년 9월 미국 소닉블루 Sonic Blue와 협력 관계를 맺으면서부터 업계의 관심을 끌기 시작했다. 레인콤에서 개발한 MP3P 시제품을 보고 만족한 소닉블루가 생산자개발방식 Original Design Manufacturing, ODM으로 MP3P를 공급해 미국 등 전 세계 시장에 '리오'라는 브랜드로 판매하자고 제의해 두 회사가 계약을 체결했다. 당시 소닉블루는 미국 MP3P 시장에서 큰 인기를 끌고 있었다. 그러나 소닉블루가 점차 대금결제를 미루기 시작하면서 두 회사의 협력관계에는 금이 갔고, 2002년 레인콤은 '아이리버'라는 브랜드를 전면에 내세워 사업을 새롭게 시작했다.

레인콤은 미국 최대 가전제품 양판점인 베스트바이 Best Buy에 입성하기 위해 노력했는데, 3개월 내 기존 CD형 MP3P에 플래시메모리 타입을 추가해 미국 전역 500개 점포에 납품하라는 베스트바이 요청을 레인콤이 수락하면서 '프리즘'이라는 별명을 가진 삼각형 모양의 아이리버 제품이 개발되었다. 천편일률적인 직사각형 모양의 기존 MP3P에 익숙했던 소비자들은 아이리버에 열광했고, 2002년 9월부터 베스트바이에 전시된 아이리버는 2002년 38만9,000대, 2003년 48만7,000대가 팔려 2년 만에 미국 시장의 22퍼센트를 차지하는 성과를 거두었다. 레인콤의 매출액은 2002년 800억 원에 불과했으나 2003년에는 2,390억 원, 2004년에는 4,528억 원을 기록했다.

이처럼 한국기업들은 소니가 주저하고 실책을 범하는 동안 발 빠르게 MP3 방식을 도입한 음악재생기 기술을 최초로 개발해 시장을 선점했으며, 참신한 디자인과 생산 능력을 통해 지배력을 넓혀나갈 수 있었다.

여러 주체들의 역할: CEO의 경영 전략

중소기업의 생존과 추격 능력을 좌우하는 것은 주체들 중에 가장 작은 단위인 개인, 즉 창업자, 최고경영자CEO, 기술 개발자, 기업 내 연구원인 경우가 대부분이다. 레인콤이 성공할 수 있었던 가장 중요한 이유도 틈새시장을 성공 비즈니스로 발전시킨 CEO의 탁월한 경영 전략에서 찾아야 할 것이다. 이는 글로벌 경영과 온라인 마케팅의 두 가지로 설명할 수 있다.

레인콤이 처음으로 외부 투자를 유치한 곳은 홍콩 전자회사 AV컨셉트였다. 레인콤과 AV컨셉트는 제품 생산을 AV컨셉트의 중국 공장인 AV체이스웨이를 사용하는 것을 골자로 하는 전략적 제휴를 체결했다. 즉, 레인콤은 핵심적인 기술 개발만 우리나라에서 진행하고, 그 외 SW 개발(인도)과 제품 디자인(미국), 생산(중국), 광고(한국, 일본), 마케팅(한국, 미국) 등을 모두 현지에서 수행했다. 이를 위해 레인콤은 1999년 중국에 현지법인을 설립한 것을 시작으로 미국(2001년), 홍콩(2002), 일본(2003), 유럽

(2004) 등에도 잇달아 현지법인을 설립했다. 또한, 현지법인의 경영을 현지인 CEO에게 맡긴 후 일체의 간섭을 하지 않았고, 본사에서 파견한 직원은 본사와 업무를 협의하는 정도의 역할만 수행했다. 겉모습만 글로벌 기업이 아니라 중요한 의사결정이 이뤄지는 모든 영역에서 글로벌 네트워크를 구축하고 이를 가동했다. 덕분에 빠르고 정확한 의사결정이 가능했으며, 이는 순발력을 생명으로 하는 벤처기업 성공의 원동력이 되었다.

아이리버의 인기를 확대 재생산한 것은 인터넷이었다. 레인콤은 10대에서 20대들이 자주 방문하는 국내 포털과 온라인 커뮤니티에서 아이리버 제품을 적극적으로 홍보했다. 또한 2002년 6월에는 '아이리버 마니아 클럽'을 따로 만들어 500명의 마니아(서포터스)를 선발해 이들이 자발적으로 레인콤 제품을 홍보하도록 유도하는 전략을 폈다. 이정우 연세대 교수는 《매경이코노미》에서 아이리버는 인터넷 마케팅이 고객들과 긴밀한 유대관계를 맺는 고객관계마케팅Customer Relationship Marketing, CRM 차원을 넘어 고객의 마음을 읽어내는 제품 개발과 판매 채널로 활약할 수 있다는 것을 보여주는 사례[8]라고 평가했다.

미국은 시장 체제의 변화라는 기회의 창을 활용해 추격에 성공했다고 볼 수 있다. 또한, Lee and Lim(2001)의 연구에서 제시한 세 가지 유형의 '추격 모델' 중에서 미국 역시 경로 창출형 추격[9]으로 구분 지을 수 있다. 왜냐하면 MP3P인 아이팟과 아이튠즈라는 서비스를 묶어서 제공했다는 점에서 기술적으로 새로울 것이 없으나, 새로운 비즈니스 모델의 제시라는 점에서 애플 특유의 경로를 창출했다고 볼 수 있다. 다음은 미국이 휴대용 음악재생기 시장에서 어떻게 한국의 기업을 추격했는지 기술 체제, 수요 체제, 관련 주체들의 역할 측면에서 하나씩 살펴보도록 하겠다.

지식 기술 체제: 비전유성과 누적성

세계 MP3P는 저장 용량이 크지만 무게가 무거운 HDD형과, 작고 가볍지만 저장 용량이 상대적으로 작은 플래시메모리 형으로 구분된다.

애플은 2001년 11월 뒤늦게 이미 수백 개 회사들이 진출해 있던 MP3P 시장에 진입해 단번에 HDD 방식의 MP3P 시장을 장악했다. 애플의 시장점유율은 무려 90퍼센트에 달했다. 후발주자로 시작한 애플의 추격이 성공할 수 있었던 것은 '문화, 소프트웨어, 디자인'이라는 열쇠 덕분이다. 애플은 단순히 전략뿐만 아니라 이를 실행에 옮길 수 있는 능력도 갖추고 있었다. 이런 점에서도 애플은 선발업체들과 달랐다.

CEO인 스티브 잡스Steve Jobs가 MP3P 시장 진출을 결심한 것은 2001년 1월 샌프란시스코에서 열린 맥월드 엑스포MacWorld Expo에서 아이튠즈를 발표한 직후이다. 이어 이를 위한 태스크포스 팀을 정식으로 발족시킨 것은 4월이다. 아이팟을 개발하는 데 투입된 시간은 6개월에 불과했다. 이 기간 동안 애플은 원점에서 시작해 세계 최고의 MP3P를 만들어냈다. 새로운 분야에서, 그것도 기존 제품보다 성능과 디자인에서 모두 월등한 제품을 만들어낸 것이다. 이는 휴대용 음악재생기 산업의 지식 기술 체제가 높지 않은 전유성을 특징으로 하기 때문에 가능했으며, 애플에 수년간 걸쳐 축적된 지식 기술이 있었기 때문이다.

애플은 누구나 알고 있는 기술과 이미 나와 있는 범용 부품을 사용해 산업 역사상 최고의 베스트셀러를 만들어냈다. 아이팟의 하드웨어를 살펴보면, 인쇄회로기판PCB을 포함한 내부 기술은 포털플레이어Por-talplayer가 개발한 것을 사용했다. 당시 포털플레이어는 MP3P 분야에서 독보적인 위치를 차지하고 있었다. 미국 IBM과 싱가포르의 크리에이티브 등 10여 개 회사가 포털플레이어 디자인에 기반을 둔 MP3P를 개발할 정도였다. 애플은 2001년 포털플레이어와 전략적 제휴를 체결하면서 다른 업체와의 관계를 모두 정리할 것을 요구해 이를 관철시켰다. 아이팟의 다른 핵심 부품들도 대부분 시장에서 구입하거나 사용권 허가license를 받은 것이었다. 아이팟의 얇은 충전용 배터리는 소니에서, 1.8인치짜리 HDD는 도시바에서 가져왔다. 또 다른 주요 부품도 텍사스 인스트루먼트와 샤프전자, 스코틀랜드의 벤처기업 울프슨 마이크로일렉트로닉스에서 생산된 제품을 각각 사용했다. 아이팟의 참된 가치는 범용 부품을 모아 조립하고, 디자인을 최적화해 최고의 성능을 내는 데 있었다.

시장 조건 및 수요 체제:
MP3P 시장 확장과 인터넷 음원 시장 개척

아이팟은 출시 당시 MP3P의 주류를 이뤘던 플래시메모리 대신 HDD(5기가바이트)를 사용했다. 5기가바이트는 MP3 음악을 무려 1,000곡이나 저장할 수 있는 용량이다. 이를 주머니 속에 넣고 다니면서 언제 어디서나 자신이 좋아하는 음악을 무제한으로 들을 수 있었다. 이는 음악을 감상하는 방식에 혁명적인 변화를 예고하는 것이었다. 스티브 잡스는 "아이팟이 나온 이상 음악을 듣는 일이 절대로 예전과 같을 수는 없을 것"이라고 주장했고, 그의 예상은 적중했다. 이후 애플은 용량이 더욱 확대된 아이팟을 계속 출시하면서 대용량의 HDD MP3P 시장을 확장해나갔다.

애플은 대용량의 HDD 방식 MP3P 시장에서 비축해놓은 힘을 바탕으로 플래시메모리 시장에 진출하면서 본격적인 가격 전쟁을 펼쳤다. HDD 시장에서 우수한 품질에 걸맞은 고가 정책을 고수한 반면, 플래시메모리 시장에서는 저가 정책을 펼친 것이다. 애플이 2005년 1월 선보인 아이팟 셔플의 가격표(99달러)는 기존 업체들을 경악하게 만들었다. 애플은 아이팟 나노의 가격 또한 200달러 이하(199달러)로 책정했다. 이렇게 애플이 경쟁업체보다 월등하게 저렴한 가격을 책정할 수 있었던 것은 삼성전자가 애플에게만 현저하게 낮은 가격으로 플래시메모리 반도체를 대량 공급해주었기 때문이다. 당시 저장 용량 1기가바이트의 플래시메모리 국제 가격은 44달러였는데 애플은 이를 절반에도 못 미치는 20달러에 공급받을 수 있었다. 그때까지 한국 MP3P 업체들이 미국에 수출하던 MP3P(용량 1기가바이트)의 소비자 가격은 약 200달러로, 동급의 애플 제품(약 250달러)에 비해 약 50달러나 저렴했다. 한국 MP3P업체들이 미국에서 선전할 수 있었던 것도 '가격 대비 성능이 우수하다'는 평가를 받았기 때문이었다. 그러나 애플이 플래시메모리 시장에 진출한 2005년 이후 상황은 역전되었다.

애플의 또 다른 성공 요소로 아이튠즈를 빼놓을 수 없다. 아이튠즈는 애플이 2001년 1월 발표한 서비스로서 사용자들은 이 프로그램을 이용해 음악을 CD에 녹음한 후 감상하거나 MP3 파일로 변환할 수 있었다. 사용자들은 1주일 만에 애플 사이트에서 이 소프트웨어를 27만 회나 무료로 내려받았고, 처음 한 달 동안에는 무려 70만 회 이상을 내

려받는 등 아이튠즈는 큰 인기를 끌었다.

한편 2001년 11월 애플이 선보인 아이팟은 대용량과 산뜻한 디자인, 사용하기 편한 인터페이스라는 장점을 갖고 있었지만, 값이 비싸 두각을 나타내지 못하고 있었다. 애플이 마침내 추격에 성공한 것은 2003년 4월, 인터넷에서 MP3 음악을 판매하는 '온라인 뮤직 스토어'를 선보였을 때부터였다.

그때까지만 해도 인터넷에서 유통되는 음악은 대부분 무료였고, 애플의 유료화 전략은 무모한 도전처럼 보였다. 그러나 애플의 온라인 뮤직 스토어는 안팎의 회의론을 잠재우며 대성공을 거두었고, 이 성공은 아이팟의 매출까지 끌어올리는 역할을 했다. 왜냐하면 애플의 온라인 뮤직 스토어에서 음악을 살 수 있는 단말기(MP3P)는 아이팟이 유일했기 때문이다. 애플은 단말기와 서비스를 하나로 묶어 판매함으로써 매출을 늘리는 고착화 효과lock-in effects를 노렸던 것이다. 결국, 2004년 말 애플은 미국 디지털 음악 유통 시장의 70퍼센트와 HDD 방식의 MP3P 시장의 90퍼센트를 점유하게 되었다.

이와 같은 성공 뒤에는 인터넷을 적으로 생각하던 음반회사를 아이튠즈 뮤직 스토어 프로젝트에 성공적으로 끌어들인 애플의 노력이 있었다. 즉, 애플은 5대 메이저 음반회사의 판권을 모두 확보했을 뿐만 아니라 총 20만 곡을 확보한 상태에서 사용자가 곡당 99센트, 앨범당 10달러에 구입할 수 있는 서비스를 선보였던 것이다.

여러 주체들의 역할: 혁신적인 CEO

한국기업과 마찬가지로 애플 역시 혁신 과정에서 CEO의 역할이 중요하게 작용했다. 스티브 잡스는 '혁신의 아이콘'으로서 아이팟의 성공에 핵심적인 역할을 담당했다. 그는 1979년 애플을 설립해 PC의 시대를 연 이후 하드웨어는 물론 소프트웨어, 콘텐츠 사업까지 두루 섭렵했다. 이러한 경험은 디지털 전쟁의 사령탑으로서 최고의 무기라고 할 수 있다. 무엇보다도 아이팟의 성공이 이를 입증하는데, 성공의 이유는 크게 네 가지로 설명할 수 있다.

우선 스티브 잡스의 타고난 디자인 감각이다. 이는 애플에서 일했던 동료들도 인정하는 것으로, 디자인 회사 애뮤니션Ammunition의 사장인 로버트 브루너Robert Brunner는 "아이팟의 성공은 스티브 잡스가 애플에 있었기 때문에 가능했다"고 단호하게 말했다고 한다. 스티브 잡스가 복귀하기 전에 애플에서 디자인 업무를 총괄했던 브루너는 "단순미의 전형을 보여주고 있는 아이팟의 디자인은 전적으로 잡스의 직관에 의한 것"이라고도 이야기했다. 그는 "수많은 IT업체들이 이를 흉내 내지만 성공하지 못하는 이유도 바로 여기에 있다"고 덧붙였다.[10]

두 번째 성공 원인은 최고의 인재풀을 구성하는 능력이다. IT의 역사를 바꾼 개발자들이 갈망하는 것은 자신의 능력을 인정해주는 경영자를 만나는 것이다. 스티브 잡스는 이들에게 '교주'와도 같았다. 스티브 잡스는 2001년 MP3P 시장에 진출하기로 하고 그 책임을 존 루빈스타인Jon Rubinstein 부사장에게 맡겼다. 루빈스타인은 다시 토니 파델Tony Fadell을 스카우트했다. 파델은 제너럴매직과 필립스 등에서 다양한 모바일 제품을 개발한 경험이 있었다. 파델은 MP3P가 뜰 것이라는 것을 간파하고 독립 개발자로 나섰지만 그의 뜻을 이해하는 투자자를 찾지 못하다가 드디어 애플에서 기회를 얻게 되었다. 이어 MP3P의 핵심인 인쇄회로기판을 개발해 공급하는 포털플레이어와 소프트웨어 회사 픽소Pixo도 모두 애플에 모여들었다. 이들은 모두 관련 분야에서 최고 전문가 집단이었다. 더욱 중요한 것은 이들이 모두 IBM과 삼성 등 고객회사들과의 거래관계를 청산하고 당시로서는 실체도 없던 '애플 프로젝트'에 도박을 걸었다는 점이다.

세 번째 성공 원인은 낮은 시장점유율도 강력한 무기로 활용할 수 있는 순발력이다. 음반업계는 IT가 자신들의 존립 기반을 위협하는 존재라고 여겼다. 두 업계 사이에는 당연히 높은 불신의 벽이 존재했다. 음반업계가 그나마 애플에게 호감을 가졌던 이유는 뜻밖에도 애플의 '낮은 시장점유율' 때문이었다. 미국음반협회 전 회장 힐러리 로젠은 "애플은 시장점유율이 미미했는데(약 5퍼센트), 이 정도 점유율이면 음반판매에 큰 영향을 미치지 못할 것으로 판단했다"고 밝혔다. 이에 따라 "음반업체들은 안심하고 인터넷에서 음악을 판매하는 파트너로 애플을 낙점했다"는 것이다(Jeffrey Young, 2005, 367~369쪽).

마지막으로 상대방의 약점을 파고드는 협상 전략을 들 수 있다. 이는 미국 최대 이동통신 업체인 싱귤러Cingular의 CEO 스탠 시그먼Stan Sigman과 담판하는 과정에서 잘 드러난다. 단말기 업체들은 이동통신 업체들과 협상할 때 절대적으로 약자의 신세였다. 이동통신 업체들의 무기는 수천만에 달하는 가입자들이었다. 이들을 볼모로 내세워 이동통신 업체들은 일방적으로 자신들에게 유리한 조건을 관철시켰다. 그러나 애플과의 협상에서는 정반대의 현상이 벌어졌다. 스티브 잡스는 스탠 시그먼에게 "이동통신회사들의 음성통화 매출은 감소하고 있다"며 약점을 부각시킨 뒤, "이 문제를 해결하려면 애플과 손을 잡아야 한다"고 주장했고 스티브 잡스는 이번에도 자신의 뜻을 관철시켰다. 싱귤러와의 제휴는 스티브 잡스의 협상 능력을 보여주는 모범사례로 기록되고 있다.

그에 대해 여러 가지 재평가가 이루어지고 있기는 하지만, 분명 CEO로서 스티브 잡스의 혁신 능력은 아이팟의 성공과 MP3P 시장에서의 추격을 가능케 한 핵심 요소이다.

결론

본 연구는 '기회의 창'과 '산업별 혁신시스템'의 이론적 틀을 이용해 휴
대용 음악재생기 산업에서의 추격을 분석해보았다. 먼저 초기 휴대용
음악재생기 산업은 일본 소니가 워크맨이라는 상품을 통해 주도하고 있
었다. 그 후 한국이 'MP3방식'이라는 새로운 기술 패러다임의 등장을
기회의 창으로 활용해 플래시메모리 기반 MP3P 시장을 선점함으로써
일본을 추격하는 데 성공했다. 한국기업은 MP3라는 새로운 기술을 통
해 기존에 없던 새로운 음악재생기(새로운 경로)를 만들어냈다는 점에서
경로 창출형 추격 전략을 사용했다고 볼 수 있다. 또한 한국기업이 추
격에 성공했던 주요 요인으로는 MP3P의 최초 개발자(선발자)의 지위를
충분히 활용할 수 있었던 점, 레인콤이 자사의 브랜드를 가지고 미국
공급망을 개척한 점, 혁신적인 디자인을 지속화한 점, 글로벌 경영과 온
라인 마케팅에 집중한 레인콤의 CEO 능력을 들 수 있다.

미국의 애플은 많은 양의 음악을 다운받을 수 있고 저장할 수 있는
소비자 욕구 변화라는 기회의 창을 이용해 한국기업을 성공적으로 추
격했다. 애플은 단순히 아이팟이라는 음악재생장치만을 제공한 것이
아니라 아이튠즈라는 온라인 뮤직 스토어를 함께 제공함으로써 소비자
들의 욕구 변화를 확실하게 반영한 새로운 경로(새로운 비즈니스 모델)를 창
출했다. 한국 MP3P기업처럼 선발자가 갖고 있지 않았던 제품과 서비스

를 제공했다는 점에서 미국의 애플 역시 경로 창출형 추격 전략을 통해 한국기업을 추격했다고 볼 수 있다. 애플의 추격 성공의 또 다른 요인으로 가장 중요하게 꼽는 것은 장기간 축적된 애플의 기술력과 혁신의 아이콘인 스티브 잡스의 역할을 들 수 있겠다.

본 연구는 휴대용 음악재생기 산업에서의 추격이 어떻게 이루어졌는가에 대한 호기심으로부터 출발했다. 후발주자가 선발주자를 추격할 수 있는 기회의 창은 사실 모든 후발주자에게 열려 있다. 다만 열린 기회를 포착할 수 있는 능력과 그 기회를 활용할 수 있는 전략과 혁신 능력을 가진 기업 또는 국가만이 추격에 성공할 수 있음을 본 연구를 통해 알 수 있었다. 또한, 한국이 MP3P를 가장 처음 개발했음에도 불구하고 애플에게 주도권을 놓치고 추격을 허용했다는 점에서 기술이 시장에서 반드시 성공하는 것은 아니며, 선두주자가 반드시 시장을 지배하는 것도 아니라는 것을 알 수 있었다. 기회의 창은 시간이 흐르면서 변화되고 이 변화에 적응하지 못하면 최초로 기술을 개발한 기업이라도 쉽게 도태될 수 있음을 알 수 있었다. 즉, MP3라는 새로운 기술의 등장은 한국기업에게 아주 적절한 기회의 창으로 작용해 일본을 추격할 수 있었지만, 그 뒤 MP3P 시장에서 새롭게 등장하는 기회의 창은 소비자 욕구의 변화였다. 애플은 이를 누구보다 먼저 포착했지만 한국기업은 그러지 못했던 것이다.

세계 최초로 MP3P를 개발해 초기 시장을 주도했던 국내기업들은 애플에게 주도권을 잃은 뒤 고통의 세월을 보내기도 했다. 그들에게 중요한 것은 '왜 그런 일이 있었는가?'에 대한 답을 찾는 일일 것이다. 본 연구는 가까운 시일 내 애플을 추격할 수 있는 또 다른 한국의 디지털캐스트, 레인콤이 나오길 바라는 마음으로 그 질문에 답을 얻는 데 조금이나마 도움이 되고자 했다.

주

1. http://navercast.naver.com/contents.nhn?contents_id=6706 사이트 참조.
2. 음원의 막대한 양의 디지털 신호를 기계장치가 빠르게 처리할 수 있도록 해주는 집적회로임.
3. 기기의 중심적인 지휘자로 입·출력 관련 및 각 구성 요소를 제어하고 있음.
4. 음성의 아날로그 신호를 디지털 신호로 변환하는 코더Coder와 디지털 신호를 음성 또는 영상으로 변환하는 디코더DEcorder의 합성어임. 음악을 감상하는 경우 압축된 파일을 풀어서 보는 것이 중요하기 때문에 압축된 파일을 풀어주는 프로그램이나 장치를 코덱이라고 함.
5. 유사한 기능을 하는 자사 제품의 출현으로 기존 자사 제품을 잠식하는 현상.
6. http://navercast.naver.com/contents.nhn?contents_id=6498&path=|461|&leafId=555 사이트 참조.
7. 《월스트리트저널》, "Sony's Rivalries Fail to Beat iPod", 2005년 6월 29일자.
8. 《매일경제신문》, "IT경영 성공 사례(아이리버): 온라인 홍보요원 구전효과 톡톡", 2004년 6월 16일자.
9. 저자는 단계 생략형 추격으로 보았으나, 일반적으로 단계 생략형 추격으로 부를 수 있는 경우는 후발자가 시장에서 지배적인 표준을 제치고 더 나은 성능을 가진 기술을 남들보다 먼저 시장에 선보이는 것으로 한국 TFT-LCD 업체가 시장 표준이었던 11.3인치를 건너뛰고 더 큰 사이즈인 12.1인치 패널을 경쟁업체보다 먼저 출시한 것이 대표적인 예라고 할 수 있음. 또한, 경쟁업체들이 한참 16M DRAM 양산에 힘을 기울일 때 한국 반도체 업체가 64M DRAM을 제일 먼저 출시한 경우도 단계 생략형 추격의 사례임. 그러나 애플은 그와 같은 모습을 보여주었다기보다는 아이팟과 아이튠즈라는 디바이스device와 서비스service를 하나로 묶어 냄으로써 선두주자가 제공하지 않았던 새로운 경로(뉴 비즈니스 모델)를 창출한 것으로 해석됨(편저자의 주석).
10. 《비지니스위크》 온라인 사이트(http://www.businessweek.com/), "Even After Apple, Designers Dig Jobs", 2007년 6월 27일자.

참고문헌

제프리 영(2005), 『iCon 스티브 잡스』, 민음사.

Lee, Keun and Chaisung Lim(2001), "Technological Regimes, Catching-up and Leapfrogging: Findings from the Korean Industries," Research Policy, Vol. 30(3), p459~483.

_____, and Franco Malerba(2014), "Toward a theory of catch-up cycles: Windows of opportunity in the evolution of sectoral systems," Working paper.

_____, and Jee-hoon Ki(2014), "Successive Changes in Industrial Leadership and Catch-Up by Latecomers in Steel Industry: The US-Japan-Korea," Working paper.

_____, Tae-Young Park, and R. Krishnan(2014). Catching-up or Leapfrogging in Indian IT service Sector. Windows of Opportunity, Path-creating and Moving up the Value-chain in TCS, Infosys, and Wipro, Development Policy Review, July.

Malerba, Franco(2002), "Sectoral systems of innovation and production", Research Policy, Vol. 31(2), p247~264.

_____(2004), Sectoral Systems of Innovation: Concepts, Issues and Analyses of Six Major Sectors in Europe, New York, N.Y.: Cambridge University Press.

《매일경제신문》, "IT경영 성공 사례(아이리버): 온라인 홍보요원 '구전효과' 톡톡", 2004년 6월 16일자.

《비지니스위크》 온라인 사이트(http://www.businessweek.com/), "Even After Apple, Designers Dig Jobs", 2007년 6월 27일자.

《월스트리트저널》, "Sony's Rivalries Fail to Beat iPod", 2005년 6월 29일자.

네이버 http://navercast.naver.com/contents.nhn?contents_id=6706.

네이버 http://navercast.naver.com/contents.nhn?contents_id=6498&path=|461|&leafId=555.

5장

반도체 산업에서의 주도권 이전: DRAM을 중심으로

박동현(산업은행)

들어가며

국가 간 거래가 증가하면서 세계 경제는 단일 시장으로 통합되는 추세에 있으며, 이는 한 기업이 산업의 주도권을 잡았을 때 얻을 수 있는 이익의 규모가 크게 증가했음을 의미한다. 따라서 각 산업에서 주도권을 잡고 있는 기업은 현상 유지를 위해 많은 노력을 기울이지만 역시 강력한 동기가 부여된 후발주자 기업들에게 주도권을 빼앗기는, 산업 내 경제 추격 사례가 빈번하게 등장하고 있다. 이 같은 사례에는 조선, 철강, 반도체, 휴대폰 등이 있는데 본 연구에서는 반도체 중에서도 메모리 반도체인 DRAMDynamic Random Access Memory에서의 추격을 다루고자 한다.

반도체 산업은 1950년대 이후 미국 주도권하에 있었으나, 1970년대 중반 이후부터 일본기업의 추격을 받기 시작해 1980년대에는 일본으로 주도권이 넘어가는 1차 주도권 이전 현상이 일어났다. 이후 한동안 DRAM 메모리 반도체 산업은 일본이 주도권을 쥐고 있었으나, 1992년 삼성이 64M DRAM을 최초로 개발하면서 기술 수준과 시장점유율 두 측면 모두에서 역전이 일어났는데, 이를 2차 주도권 이전이라고 볼 수 있다.

두 차례에 걸친 DRAM 메모리 반도체의 주도권 이전을 설명하기 위해 많은 연구들이 있어왔지만 주도권 이전 과정을 촉진시킨 환경 측면과 산업 특징에 대한 논의는 부족했다. 따라서 본 연구는 특정 산업의 환경 변화를 강조한 '기회의 창' 분석틀(Lee and Ki 2014, Lee and Malerba 2014)을 활용해 DRAM 메모리 반도체 산업의 주도권 이전을 설명하고자 한다. 기회의 창이란 기술 변화, 경기 변동, 수요 변화, 제도 변화와 같은 환경 변화가 선도자를 추격할 수 있는 기회를 후발자에게 제공한다는 것으로, 지금까지의 연구와는 다른 각도에서 DRAM 메모리 반도체 산업의 주도권 이전을 바라볼 수 있게 되었다.

본 연구는 네 부분으로 구성되어 있다. 먼저 DRAM 메모리 반도체 산업의 역사와 주도권 이전 과정을 소개하고, 그다음 미국에서 일본으로 최초 주도권 이전의 주요 원인을 1) 미국의 소규모 반도체 전문 기업 중심 vs. 일본의 대기업 중심, 2) 미국의 경기 침체와 IBM의 DRAM 수요 증가, 3) 64K DRAM 공동기술개발 프로그램, 4) 미·일 반도체 협정의 관점에서 살펴볼 것이다. 그리고 일본에서 한국으로의 2차 주도권 이전 과정의 원인을 1) 조립공장 역할을 통한 단계 생략형 추격, 2) 일본의 경기 침체와 한국의 재벌 구조, 3) 4M DRAM, 16M/64M DRAM 공동 개발, 4) 한 세대 전 반도체 생산에 집중하는 전략으로 보고 그에 대해 자세히 설명하고자 한다. 마지막으로 본 연구 결과를 요약·정리함으로써 마무리 짓고자 한다.

DRAM 메모리 반도체 산업의 역사와 주도권 이전 과정

Borrus(1996)에 의하면 반도체 산업에서 경쟁은 세 단계로 구분된다. 첫 번째 단계는 반도체의 중요성을 인식해 연구를 시작한 1950년대부터 미국이 메모리 반도체에서 주도권을 유지했던 1970년대 중반까지를 일컫는다. 두 번째 단계는 일본 반도체 업체의 미국 추격이 가속화되기 시작한 1970년대 중반부터 일본업체들이 메모리 반도체 부분의 선두국가로 등장한 1980년대 말까지 해당된다. 마지막으로 한국기업이 조립 공장 역할에서 벗어나 자체적으로 기술을 개발하기 시작한 1980년 말 이후를 세 번째 단계라 부른다.

먼저 반도체 산업 경쟁의 첫 번째 단계인 1950년대부터 1970년대 중반까지 살펴보자. 1950년대 미국의 반도체 산업은 우주 개발 및 군사 수요를 위해 시작되었기 때문에 비용 절감을 통한 경쟁력 확보보다는 기술 혁신을 추구하는 방향으로 흘러갔다. 반면, 일본의 반도체 산업은 가전제품이 필요로 하는 반도체 수요를 충족시키는 방향으로 발전함으로써 원가 절감과 품질 관리를 지향하는 방향으로 흘러갔다. 1960년대 이후가 되자 미국의 주요 반도체 수요처가 변화되기 시작했다. 즉, 우주 개발 및 군사 분야의 반도체 수요는 감소하고, 컴퓨터 보급이 확대됨에 따라 컴퓨터에 필요한 반도체 수요가 급증하게 되었다. 그러자 1966년부터 1969년 동안 약 30개의 반도체 업체가 미국에 신설되었고, 원가 절감을 위해 해외 투자가 활발히 진행되었다. 같은 기간 동안 일본은 '전자산업육성법Electric Industry Promotion Law'을 마련하고 산학 협력을 통한 기술개발에 투자해 미국과의 기술 격차를 줄이려 노력했다. 결론적으로 반도체 경쟁의 첫 단계는 우주 및 군사 산업과 관련해서 시작된 반도체 수요가 컴퓨터 관련 부분으로 이전된 시기이며, 일본이 미국과의 기술 격차를 좁히려 노력한 시기로 해석될 수 있다.

  반도체 경쟁의 두 번째 단계에서 주목할 만한 사건은 IBM의 신형 컴퓨터 출시로 인해 16K DRAM 수요가 급격히 증가한 것이다. 그러나 1970년 중반 대규모 자본 투자를 통해 생산 설비를 확장해둔 일본기업과 달리 미국기업은 생산 설비를 확장하지 못해 증가된 수요에 맞춰 공급을 확대할 수가 없었다. 그 결과 1979년 일본기업은 세계 16K DRAM 시장을 43퍼센트까지 점유하게 되었다. 게다가 일본정부는 64K DRAM 개발을 위한 'VLSIVery Large Scale Integration 프로그램(1976~1979)'을 진행해 64K DRAM 개발에 성공함으로써 일본은 기술적인 측면에서도 미국을 추격하게 된다. 또한, 1985년 256K DRAM 가격이 하락했을 때 미국기업의 상당수가 파산한 반면 일본기업은 이 기간을 이겨낸 결과

[표 5-1] 한국의 DRAM 기술개발 추이

구분	1M	4M	16M	64M	256M	1G	4G
개발시기(연,월)	1986,7	1988,5	1989,10	1992,8	1994, 8	1996,10	2001,4
일본과의 격차	2년	6개월	동일	추월	추월	추월	추월

자료: 삼성전자홈페이지

1986년, 세계 DRAM 시장의 70퍼센트를 점유하면서 미국기업을 완전히 역전시킨다. 즉, 일본 반도체 업체들은 경쟁의 두 번째 단계를 거치면서 명실상부하게 세계 DRAM 시장의 주도권을 확보하게 되었다.

반도체 경쟁의 세 번째 단계에서는 한국기업들이 일본을 추월해 주도권을 쥐었으며, 그 상황이 현재까지 지속되고 있다. 기술적 측면에서 일본과의 격차를 줄이고 추월에 성공하게 된 계기는 1990년 삼성전자가 16M DRAM을 개발(격차 제거)하고 잇달아 1992년, 64M DRAM을 최초로 개발(추월에 성공)한 것이다([표 5-1 참조]).

한국업체는 자체 기술개발을 통해 기술추격에 성공하게 되었는데, 그렇게 한 데는 다음과 같은 이유가 있었다. 첫째, 한국정부가 반도체 산업의 중요성을 인식하기 시작했고, 일본의 VLSI 프로그램의 성공을 목격함으로써 반도체 기술의 국산화를 적극 지원했기 때문이다. 둘째, 선진기업들이 점차 한국기업에 기술이전을 기피하기 시작한 데다가 미국 TITexas Instrument가 DRAM제조에 관한 특허권 침해로 삼성전자를 제소한 것이 계기가 되었다.

한편, 미국 반도체 업계는 일본과의 경쟁에서 패배한 후 비메모리 반도체에 집중했고, 일본 역시 1990년대 부동산 버블 붕괴 후 찾아온 경기침체로 한국기업과 설비 투자 경쟁을 할 수 없게 되었다. 그 결과 기술뿐만 아니라 시장점유율 측면에서도 반도체 산업의 주도권이 한국업체로 넘어왔으며, 2010년 기준 메모리 반도체 시장의 53.2퍼센트를 한국업체가 점유하게 되었다.

미국의 소규모 반도체 전문기업 중심
vs. 일본의 대기업 중심

Kim and Lee(2001)는 DRAM 메모리 반도체 산업의 주도권이 반도체 산업에 특화된 소규모 회사에서 반도체 산업과 관련 산업을 함께 영위하는 대규모 회사로 넘어가는 과정을 설명하면서 DRAM 메모리 반도체 산업이 기술의 누적성이 낮고 기술 향상이 생산성으로 연결되는 정도가 높은 특징을 지닌다고 설명했다. 여기서 기술의 누적성이란 현재 해당 기업이 보유하고 있는 기술의 수준과 미래의 생산성 간 연결되어 있는 정도를 의미한다. 즉, DRAM 메모리 반도체 산업의 기술은 암묵성이 낮아 후발주자가 경험의 축적 없이도 문서화된 정보를 바탕으로 기존의 기술을 쉽게 체화할 수 있다는 것이다. 또한, 주대영(2004)에 따르면 반도체 산업에서 누적 생산량이 두 배가 되면 생산 비용이 30퍼센트 감소하는 학습곡선이 경험적으로 발견되어 규모의 경제가 존재함을 알 수 있다.

이와 같은 반도체 산업의 특성은 일본기업이 미국기업을 추격할 수 있는 기회를 제공했다. 1970년대 반도체의 수요가 증가하면서 미국에 설립된 대다수의 반도체 회사는 반도체의 비중이 높은 소규모 반도체 전문기업이었던 반면 일본의 반도체 업체들은 대기업이었기 때문에 기술 향상과 생산성 향상의 높은 상관계수나 학습효과를 통해 얻을 수 있는 이득은 일본기업이 더 컸다. 또한, 낮은 기술 누적성 덕분에 일본기업이 미국기업과의 기술 격차를 좁히는데 이로웠으며, 미국의 소규모 기업이 인수 합병되는 과정에서 많은 기술이전이 발생되었고 이로 인해 일본의 추격 속도를 높일 수 있는 원동력이 되었다.

미국의 경기 침체와 IBM의 DRAM 수요 증가

DRAM 메모리 반도체 산업은 각 세대별로 제조라인을 갖추어야 한다는 특징이 있고 제조라인을 완성하는 데 1.5년에서 2년의 기간이 소요되기 때문에 미래의 수요량을 예측해 선제적으로 생산 설비 투자를 진행해야 한다. 하지만 1970년대 후반 미국의 경기 침체와 소규모 전문업체라는 미국 반도체 기업의 특성이 맞물리면서 과소 투자를 통한 주도권 상실이 발생하게 되었다.

미국 내 반도체 업체들은 IBM을 비롯한 몇몇을 제외하고 대부분 기술력을 바탕으로 벤처캐피털로부터 투자를 받아 자금을 마련하곤 했다. 따라서 1970년대 미국 경기가 침체하면서, 미국 대부분의 반도체 업체는 차입 비용의 상승과 유동성 부족을 겪게 되었고, 이로 인해 공격적인 설비 투자가 불가능했다.

반면, 일본의 반도체 기업은 반도체 이외 사업 부문에서 축적한 이익으로 반도체 사업에 적극 투자를 했으며, 차입을 하는 경우에도 일본기업의 규모가 미국기업보다 컸기 때문에 상대적으로 낮은 이자율로 차입이 가능했다. 이와 같은 설비 투자의 차이와 더불어 IBM의 신형 컴퓨터 생산에 따른 16K DRAM의 수요 증가로 인해 1979년 일본 반도체 기업은 세계 DRAM 메모리 반도체 시장의 43퍼센트를 차지하게 되었다. 또한, 1980년대 일본업체들은 공정자동화를 통해 높은 수율과 낮은 원가를 달성할 수 있었지만 미국업체들은 투자 규모면에서 일본을 따라가지 못했고, 결국 1986년 DRAM 시장의 70퍼센트를 일본에 빼앗기면서 주도권을 상실하게 되었다.

64K DRAM 공동기술개발 프로그램

DRAM 메모리 반도체 산업은 기술개발에 많은 비용과 긴 시간이 소요되기 때문에 개발에 실패할 경우 위험 부담이 크다는 특징이 있다. 따라서 기업이 독자적으로 DRAM 메모리 반도체 산업에 진입해 초기에 막대한 비용을 투자하는 것은 큰 부담으로 작용한다. 따라서 일본정부는 VLSIVery Large Scale Integration 기술이 미래의 핵심기술이 될 것이라는 전략적 판단과 미국기업에 비해 일본기업의 열악한 금융조달 환경을 극복하기 위한 수단으로 1976년부터 1979년까지 64K DRAM 개발을 위한 공동기술개발 프로그램을 시행했다(양희승, 1991).

이 프로그램의 핵심은 일본정부가 총 1억2,900달러의 개발비용 중 1억2,100달러를 무이자로 대부해준 후 기술개발이 성공해 매출이 발생하게 되면 대부금액을 상환하도록 하는 것이다. 그 결과 일본은 64K DRAM 메모리 반도체 생산에 있어서 미국기업을 추월할 수 있게 되었다.

미·일 반도체 협정

1986년 미·일 반도체 협정이 체결되었는데, 미·일 반도체 협정이란 미국이 자국의 반도체 산업을 지원하기 위해 강요한 협정이었다. 즉, 미국과 일본 양 시장에서 개방 정도의 불균형을 감소시키고, 공정한 가격경쟁을 유지한다는 명분을 내세워 일본 반도체 시장의 20퍼센트를 해외업체에 개방하고, 미국 시장에서 일본 반도체 제품의 가격 덤핑을 제한하는 내용이 핵심이다.

그러나 협정 체결 당시인 1985년 무렵 256K DRAM 가격이 1/10 수준으로 하락하게 되자 손실의 폭을 버티지 못한 미국기업 상당수가 사업을 철수하게 된다. 반면, 일본기업들은 타 사업 부문에서 벌어들인 이익을 바탕으로 DRAM 메모리 사업부의 손실을 상쇄시키면서 사업을 유지해나갔다. 결국, 미·일 반도체 협정의 체결은 초기 미국 정부의 의

도와 달리 256K DRAM의 가격을 인위적으로 상승시켜 시장에서 살아
남은 일본기업들의 이익을 보전해주는 꼴이 되었다.

조립공장 역할을 통한 단계 생략형 추격

한국의 반도체 업체들은 1980년대 중반 이후 선두기업들이 한국을 경계하기 전까지는 외국 기업들의 단순 조립공장 역할을 했다. 당시 선두기업인 미국기업과 일본기업들은 상호견제만 할 뿐 한국을 경쟁의 대상으로 보지 않았기 때문에 기술을 수월하게 이전받을 수 있었다. 이 전받은 기술력을 바탕으로 한국 반도체 기업은 4M DRAM, 16M/64M DRAM 개발을 독자적으로 진행하는 단계 생략형 전략을 구사할 수 있었다. 단계 생략형 추격(Lee and Lim, 2001)이란 세 가지 추격 유형 중 하나로 후발주자가 선발주자를 추격하는 과정에서 한두 단계를 생략해 기술의 시간 격차를 줄여나가는 전략을 의미한다.

한국기업이 단계 생략형 추격 전략을 구사할 수 있었던 이유는 선진 국으로부터 기술이전을 받을 수 있었기 때문만이 아니라 기술개발 방향을 예측할 수 있는 DRAM 반도체 사업의 특성 때문이었다. '무어의 법칙Moore's law [1]'과 '황의 법칙Hwang's law [2]'과 같은 데이터 용량과 메모리 용량의 증감법칙은 DRAM 반도체 사업의 개발 방향과 개발 성공 시점을 예측할 수 있는 증거들이다.

일본의 경기 침체와 한국의 재벌 구조

1980년대 말 DRAM 반도체 분야에서 경쟁 관계에 있던 일본 내의 선두업체들은 모두 차세대 반도체 개발을 유보하고 현재의 이익을 향유하는 방향으로 의사결정을 했다. 이런 의사결정의 원인은 크게 두 가지로 볼 수 있다. 첫 번째 이유는 일본 부동산 시장의 거품이 붕괴되는 과정에서 경기가 경색되어 적극적인 투자를 하기 힘든 측면이 있었고, 두 번째 이유는 경쟁업체의 설비 투자를 예측하는 과정에서 잘못된 의사결정을 했기 때문이다.

두 번째 이유를 좀 더 자세히 살펴보자면, DRAM 반도체는 생산에 들어가기 2년 전에 설비 투자가 시작되어야 하고, 설비 투자에서 얻게 되는 이익의 정도는 경쟁업체의 설비 투자 수준을 통해서 파악될 수 있다. 즉, 경쟁기업이 설비 투자를 하지 않은 상황에서 해당 기업이 설비 투자를 많이 하면 큰 이익을 얻을 수 있지만, 경쟁기업 모두 설비 투자를 많이 하게 되면 과다공급으로 염가 경쟁이 시작된다. 반면, 경쟁기업이 차세대 DRAM 개발을 하지 않고 현재의 상황에 머무를 경우 현재 수준의 이익을 확보할 수 있는 것이다. 이와 같은 의사결정 과정에서 일본기업들은 차세대 개발을 늦추고 현재의 이익을 향유하는 방향으로 의사결정을 했던 것이다.

반면 삼성전자를 비롯한 한국의 기업들은 공격적인 투자를 감행했다. 1980년대 말 세계 경기나 반도체 시장의 상황은 한국기업의 투자에 결코 우호적이지 않았다. 그러나 재벌 구조를 바탕으로 한 한국 대기업의 특성 덕택에 공격적 투자를 감행할 수 있었다. 즉, 장기적인 관점에서 산업을 바라본 재벌 총수의 판단에 따라 투자를 할 수 있었고, 다른 계열사를 통해 수익을 확보하고 있었기 때문에 초기 반도체 사업의 손실이나 위험을 감당해낼 수 있었다. 이와 같은 한국기업의 공격적인 투자 덕택에 일본과의 기술 격차를 줄여나갈 수 있었고, 1990년대 초 역전시키는 데 성공한다.

4M DRAM, 16M/64M DRAM 공동개발

일본의 64K DRAM 공동기술개발 프로그램과 유사한 한국의 공동개발 프로그램으로 4M DRAM 개발과 16M/64M DRAM 공동개발을 들 수 있는데, 4M DRAM 개발은 선두기업을 추격하는 과정으로, 16M/64M DRAM 개발은 추월하는 과정으로 이해할 수 있다.

먼저, 4M DRAM 개발 프로젝트는 한국정부가 반도체 산업 확대의 필요성을 인식했고, 일본의 64K DRAM 공동개발 프로그램의 성공을 목격했으며, 선진국 업체들이 점차 한국업체에 대한 기술이전을 기피하기 시작하고, 미국의 TI사가 특허 침해로 삼성전자를 기소하는 사건이 생기자 한국 반도체 업체들의 독자적 기술개발에 대한 인식이 결합되어 시작되었다.

4M DRAM 개발 프로젝트는 1986년에 시작되어 1989년 3월까지 진행되었으며, 총 사업비 879억 원 중 정부가 579억 원을 지원했다. 1차년도 정부 지원금은 참여기업인 삼성반도체통신, 금성반도체, 현대전자에 균등하게 분배했으나 2차년도부터는 연구 결과에 따라 차등 분배하는 경쟁 체제를 운영했다. 그 결과 삼성전자가 1989년 2월 4M DRAM 개발에 성공함으로써 선두기업들과의 격차를 6개월로 줄였고, 16M/64M DRAM을 자력으로 생산할 여건을 조성해 선두기업 추격을 가속화할 수 있었다.

16M/64M DRAM 공동연구개발 사업은 1989년 시작되어 1991년까지 16M DRAM 시제품을 개발하고, 1993년까지 64M DRAM 시제품을 개발하는 것을 목표로 했다. 이 사업에는 삼성반도체통신, 금성반도체, 현대전자와 다수의 정부출연 연구소와 대학 들이 참여했으며, 정부는 1,900억 원의 사업비 중 750억을 출연하고 국내 기술 수준이 뒤처져 있는 반도체 장비나 재료 분야는 하청업계 또는 정부출연 연구소가 개발해 반도체 업계를 지원했다. 그 결과 1990년 8월 삼성전자가 16M DRAM을 선두기업들과 동시에 개발할 수 있었고, 1992년 8월에는 64M DRAM을 세계 최초로 개발해 선두기업을 추월하는 데 성공할 수 있었다.

한 세대 전 반도체 생산에 집중하는 전략

삼성전자는 1980년대 말 반도체 산업에 입문한 후 선두기업을 추격할 기초체력을 다지는 초기 과정에서 선두기업이 덜 집중하는 한 세대 전에 해당하는 DRAM 생산에 주력하는 전략을 사용했다. 삼성의 이와 같은 전략을 이해하기 위해서는 DRAM 반도체의 세대별 경기 순환과정과 세대별 고유한 수명주기곡선을 이해해야 한다. 즉, 새로운 세대의 DRAM이 시장에 출시되면 최신제품에 사용되면서 최초 개발 기업에게 막대한 보상을 안겨주지만 시간이 지나 후발업체들이 해당 세대의 DRAM을 개발하기 시작할 때가 되면 가격경쟁으로 인해 새로운 세대의 DRAM 가격은 하락하게 된다. 또한, 새로운 세대의 DRAM이 개발되면 이전 세대의 DRAM의 사용처는 최신제품이 아닌 주력제품으로 넘어가면서 가격의 하락을 맞게 된다. 따라서 선두주자들은 매번 새로운 세대의 DRAM을 최초로 개발해 높은 이익을 취하는 것을 목표로 하게 된다. 그런데 삼성이 1980년대 일본을 추격하는 과정에서 취했던 초기 전략은 선두주자들과는 반대로 일본 업체들이 생산한 것보다 한 세대 전의 DRAM 생산에 주력했다. 즉, 1984년 일본이 256K DRAM을 양산하기 시작할 때 삼성은 64K DRAM에 주력했고, 1986년 일본이 1M DRAM 양산에 들어갔을 때 삼성은 256K DRAM을 주력으로 양산했다. 이를 통해 사업 실패 위험을 없앨 수 있었고, 비교적 경쟁이 약한 부분에 집중함으로써 안정적으로 시장에 진입해 추격의 발판을 마련할 수 있었다.

결론

우리는 지금까지 '기회의 창' 모델을 활용해 DRAM 반도체 산업의 주도권이 미국에서 일본으로 넘어간 1차 주도권 이전과 일본에서 한국으로 넘어간 2차 주도권 이전의 원동력을 분석했다.

그 결과 우리가 발견한 내용을 요약해보자면 먼저 미국에서 일본으로의 1차 주도권 이전의 주요 원동력은 크게 네 가지로 요약될 수 있다. 첫째, 미국의 소규모 반도체 전문기업에 공격적인 투자로 대항한 일본의 반도체 대기업, 둘째, 미국의 경기 침체와 IBM의 DRAM 수요 증가, 셋째, 일본의 산학협력을 통한 정부 주도의 64K DRAM 공동기술개발 프로젝트의 성공, 넷째, 미·일 반도체 협정을 들 수 있다. 일본에서 한국으로의 2차 주도권 이전 과정의 원동력 또한 크게 네 가지로 요약된다. 첫째, 한국 반도체 기업의 조립공장 역할을 통한 기술축적과 그를 바탕으로 한 단계 생략형 추격, 둘째, 일본의 경기 침체와 한국 재벌구조의 이점을 활용한 공격적인 반도체 산업 투자, 셋째, 정부 주도하에 산·학이 협력해 4M DRAM과 16M/64M DRAM의 공동개발 추진, 넷째, 선두기업이 등한시하는 전 세대 반도체 생산을 통한 추격의 발판마련이 있다.

반도체 산업에서 일어난 두 번의 주도권 변화에서 우리는 두 가지 중요한 사실을 알 수 있었다. 첫째는 장기적인 안목을 가지고 경기 불황에도 적극적인 투자를 감행할 수 있는 결단력이 있었다는 것이다. 1970년대 말 일본은 경기 불황으로 미국기업이 투자를 주저할 때 적극적인 투자를 감행함으로써 미국을 추격할 수 있었다. 한국 역시 경기 불황 속에서 일본업체들이 새로운 설비 투자에 주저하고 있을 때 적극적으로 투자함으로써 일본으로부터 주도권을 빼앗아올 수 있었다. 둘째는 정부 주도 아래 산·학이 협력해 공동기술개발 프로젝트의 추진한 것을 들 수 있다. 일본과 한국 모두 동일한 방법을 활용함으로써 기술 격차를 극복하는 데 성공했다. 이와 같은 사실은 현재 주도권을 쥐고 있는 한국기업도 차세대 기술개발과 생산 설비 확보를 위해 투자를 자칫 게을리하게 된다면 미국이 일본에게 일본이 한국에게 그랬던 것처럼 새로운 후발주자에게 주도권을 빼앗길 수 있다는 교훈을 준다.

주

1 인텔의 공동설립자인 고든 무어Gordon Moore가 주장한 것으로 마이크로칩에 저장할 수 있는
   데이터 용량은 18개월마다 2배씩 증가하며, PC가 이를 주도할 것이라고 주장함(편저자의 주석).

2 황창규 삼성전자 반도체 총괄 사장이 2002년 2월 미국 샌프란시스코에서 열린 국제반도체
   회로학술회의ISSCC 총회 기조연설에서 처음 주창한 메모리 신성장이론으로, 반도체 메모리
   용량은 1년마다 2배씩 증가하고, 그 성장을 주도하는 것은 모바일기기와 디지털 가전 등 이
   른바 비非PC라고 주장함(편저자의 주석).

참고문헌

양희승(1991), 「반도체산업에 있어서 기술선택이 경쟁력에 미치는 영향」, 과학기술 정책 연구소.

주대영(2004), 「반도체산업의 경기변동에 따른 정부의 연구개발 정책 연구」, 산업연구원.

Borrus, Michael(1996), "Left for Dead: Asian Production Networks and the Revival of
   US Electronics", Berkeley Roundtable on the International Economy University of
   California, Berkeley.

Kim, Chang-Wook and Keun Lee(2003), "Innovation, Technological Regimes and
   Organizational Selection in Industry Evolution: A "History Friendly Model" of the
   DRAM industry", Industrial and Corporate Change, Vol. 12(6), p1195~1221.

Lee, Keun and Chaisung Lim(2001), "Technological Regimes, Catching-up and
   Leapfrogging: Findings from the Korean Industries," Research Policy, Vol. 30(3),
   p459~483.

_____, and Franco Malerba(2014), "Toward a theory of catch-up cycles: Windows
   of opportunity in the evolution of sectoral systems," Working paper.

_____, and Jee-hoon Ki(2014), "Successive Changes in Industrial Leadership and
   Catch-Up by Latecomers in Steel Industry: The US-Japan-Korea," Working paper.

삼성전자 홈페이지, http://www.samsung.com/sec/#latest-home.

6장

자동차 산업에서의 주도권 이전: 한국의 일본 추격과 미국의 쇠퇴

최문성(기획재정부)
김재우(서울대학교)

한국이 선진국을 추격 또는 추월한 산업의 사례는 조선, 철강, 반도체, IT 산업을 비롯해 꽤 많다. 자동차 산업 역시 한국이 일본을 추격한 대표적 사례 중 하나이다. 물론 아직 한국이 일본의 자동차 산업을 추월했다고는 볼 수 없겠으나 1970년대 이후 약 30년 동안 한국이 일본을 추격하는 과정은 경이로우며 그 자체만으로도 연구할 만한 가치가 충분하다고 생각된다.

2011년 국가별 총생산량 기준으로 보았을 때 한국 자동차 산업은 세계 5위를 기록했고([그림 6-1] 참조), 개별 기업으로는 현대와 기아가 도요타, GM, 폭스바겐의 뒤를 이어 세계 4위([그림 6-2] 참조)를 자랑하고 있다. 한국은 1962년만 해도 막 정부가 자동차 공업 5개년 계획을 발표하고, 자동차 생산에 대한 자본이나 기술력이 전무한 상태였다. 수입한 부품을 조립하는 수준에 불과했다. 이처럼 반세기 전만 해도 조잡한 수준에 불과했던 한국의 자동차 산업이 어떻게 세계에서 인정받을 수 있게 된 것일까? 그리고 어떻게 자동차 강국에 근접하는 추격 성과를 낼 수 있었던 것일까? 본 연구의 주요 목적 중 하나는 이와 같은 질문에 답을 얻고자 하는 것이다.

2008년 글로벌 금융위기가 발발하면서 미국을 비롯한 세계 시장이 급속도로 위축되고 성장세가 둔화되었다. 이와 같은 경제 환경 속에

[그림 6-1] 2011년 국가별 자동차 생산량(대)

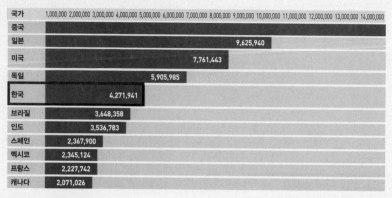

자료: 한국자동차산업협회(2010).

[그림 6-2] 2011년 기업별 자동차 생산량(대)

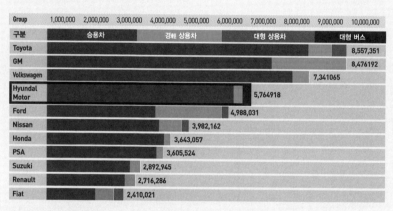

자료: 한국자동차산업협회(2010).

서 미국의 자동차 산업은 위기를 겪는데 이 과정에서 '빅3'라고 불리던 GM, 포드, 크라이슬러 간 합병 논의를 포함해 각종 자구책과 지원책 이 지속적으로 강구되었고, GM과 크라이슬러는 2008년 12월 정부의 구제 금융을 받아 겨우 파산을 면하게 되었다. 이와 같은 미국 자동차 산업의 위기는 단지 글로벌 금융위기로 인해 나타난 것은 아니었다. 금융위기 이후 미국 자동차 시장에서 일본, 한국 등 외국 자동차 기업들의 판매량이 비약적으로 증가한 것을 볼 때, 미국 자동차 산업의 몰락의 원인은 과거부터 누적되어온 산업 내 문제점들 때문으로 여겨진다. 여기에 본 연구의 또 다른 목적이 존재한다. 즉, 자동차의 대중화를 선도하고 최고의 생산량을 자랑했던 미국 자동차 산업이 몰락한 원인을 밝히고, 이러한 분석을 바탕으로 미국 자동차 산업의 회생 가능성을 전망하는 것이 본 연구의 또 다른 목적이다.

연구의 목적과 관련해서 한국 자동차 산업에 대해서는 세 가지 유형의 연구들이 있는 것으로 밝혀졌다. 기업 간 기술 추격을 다룬 논문(최홍봉, 2006), 한·일 자동차 산업을 비교한 논문(김미연, 1991; 장병익, 1994; 김창철, 2001; 정성주, 2003; 노상문, 2004), 한국 자동차 산업 성장 과정을 설명한 논문(고윤진, 2001)이 바로 그것이다. 하지만 이 논문들은 한국 자동차 산업이 성장하게 된 개별적이고 내부적인 요인은 밝혀냈을지 모르지만 자동차 산업의 환경 변화가 추격의 주요 요인으로 작용할 수 있다는 생각은 하지 못했다.

본 논문은 한 산업에서 기술, 제도, 경제, 정책 같은 환경 변화를 고려한 기회의 창과 추격 사이클 개념을 활용해,[1] 1970년대부터 2010년대까지 약 40년간 자동차 산업의 환경 변화를 고찰하고, 한·일 자동차 산업의 경영 전략, 생산 기술, 정부 정책의 차이를 비교분석함으로써 한국의 추격 요인을 설명하고자 한다.

한편, 미국 자동차 산업의 실패 연구들을 살펴보면 자동차 업계의 이윤 창출 구조의 왜곡을 실패의 주요 원인으로 지적한다. 즉, 전미자동차노조UAW의 단체협상에 따른 의료 비용, 퇴직 수당 및 연금에 대한 부담, 해고의 어려움 같은 미국 자동차 노동 시장의 경직성을 실패 주요 원인으로 꼽는다. 그리고 미국 완성차 업계와 부품 업계 간 적대적 동반관계를 지적하면서, 글로벌 아웃소싱과 약탈적 비용 절감 요구에 따른 미국 부품 공급업체의 경쟁력 하락을 또 다른 주요 실패 원인으로 분석하고 있다(정하용, 2011). 그러나 이와 같은 분석은 법과 제도의 변화, 국제 환경의 변화, 수요의 변화에 따른 미국 자동차 기업의 대응 부족에 대해서는 설명해주지 못하고 있다. 따라서 본 연구는 기존 연구가 지적하고 있는 기업경영 방식과 생산관리 방식뿐만 아니라 법과 제도적인 측면까지 고려해 미국 자동차 산업의 실패 원인을 규명하고자 한다.

자동차 산업의 특징 및 환경 변화

자동차 산업의 특징

자동차 산업은 한 나라의 경제력과 기술 수준의 척도가 될 뿐만 아니라, 산업 구조의 고도화와 경제 성장에 중요한 견인차 역할을 하는 국가의 중추 산업으로 간주되고 있다. 이처럼 국가 발전에 중요한 자동차 산업은 네 가지 특징으로 요약될 수 있다. 첫째, 산업 파급효과와 전후방 연관효과가 크다. 둘째, 타 산업에 비해 양산에 의한 규모의 경제가 크게 나타난다. 셋째, 가격 경쟁 외에 품질 및 디자인 경쟁이 중요하다. 넷째, 기계공업 중에서도 경영 전략 및 생산관리 방식이 경쟁력 확보에 중요하게 작용한다.

한편, 자동차 산업의 경쟁력 결정에 있어서 개별 기업 수준에서는 기술 추격 전략, 내수·해외 시장 진출 전략, 제품기술 및 생산관리 기술, 하청거래구조 방식을 포함한 광의의 기술 요소 역할이 중요하다. 반면, 국가 및 산업 수준에서는 정부의 산업육성 정책 및 노사제도와 같은 정책적 요소와 유가, 환율, 국제무역 개방 수준, 환경에 대한 인식 같은 국제환경적 요소가 중요하게 작용한다.

따라서 이러한 자동차 산업의 경쟁력 요소를 고려해 1970년대부터 오늘날까지 약 40년간 자동차 산업의 환경 변화를 살펴보고자 한다. 다시 본 연구에서 활용하는 개념을 빌어 표현하자면 지난 40년간 자동차 산업에서 어떤 유형의 '기회의 창'이 열렸는지를 검토하고자 한다.

자동차 산업의 환경 변화

시장의 변화

시장의 변화는 자동차 산업에 있어서 수요의 변화를 의미하는 것으로 크게 두 가지 측면이 고려될 수 있다. 첫째, 1980년대 후반부터 브릭스 BRICs[2]를 중심으로 중남미, 아시아 등 개발도상국의 무역규제 철폐와 구매력 상승 등으로 인해 신흥 시장의 수요가 급증한 반면 유럽과 북미와 같은 기존의 선진 시장은 침체했다. 둘째, 자동차가 점차 교통 수단의 의미를 넘어 하나의 개성을 표현하는 수단, 문화 및 생활적 공간 의미를 획득하면서 수요 품종의 다양화와 고급화 경향이 생겨났다.

먼저 해외 시장에 대해 살펴보자. 자동차 산업이 일정 수준 이상 성장하기 위해서는 내수 시장의 확대만으로는 한계가 있다. 자동차는 기본

적으로 다른 제조품에 비해 수명이 길고, 내구재의 성격을 갖고 있으며, 가격이 비싸서 시장 수요가 쉽게 늘어나지 않기 때문이다. 따라서 후발 자동차 산업 국가가 선발국가를 추격하기 위해서는 적극적으로 신흥 시장을 개척할 필요가 있으며, 이는 선발국가의 경우도 마찬가지다.

그러나 1980년대 후반 이전에는 한국 같은 후발국가들에게 해외 시장은 매력적인 존재였지만 적극적으로 시장 진출을 하기에는 여러 가지 어려움이 있었다. 우선 유럽 및 북미 같은 선진 시장의 경우 이미 유럽, 일본, 미국 3개국이 높은 수준의 제품기술과 강력한 생산 기반을 바탕으로 치열하게 경쟁을 펼치고 있었기 때문에 시장에 진출한다고 해도 그 생존 여부가 불투명했다.

한편 중남미, 아시아, 러시아, 아프리카의 경우는 시장 잠재력은 충분했지만 고가의 자동차를 수요할 구매력이 아직 부족했고, 각종 관세 및 규제 같은 정부의 자동차 산업보호 정책 때문에 수출에 제약이 따랐다. 유럽과 북미의 경우도 이미 자국 자동차 기업이 시장을 상당 부분 점유했고, 게다가 부분적으로 무역제한이 존재했기 때문에 해외 기업의 진출이 여의치 않은 상황이었다.

그런데 1990년대 초반부터 상황이 바뀌기 시작했다. 우선 브릭스 국가들의 경제가 빠른 속도로 성장했고, 점차 자국의 자동차 산업을 보호하기 위한 관세와 각종 보호주의적 규제를 철폐해나가면서 수출의 길이 열리기 시작했다. 특히, 중동, 중남미, 중국의 경우 이 시기 건설 수요가 급증하면서 트럭, 버스, 중공업 차량 같은 상용차량에 대한 수요가 급증했고, 90년대 후반부터는 이들 신흥 개도국의 GNP가 급증하면서 일반 승용차에 대한 수요도 상승했다.

반면, 유럽과 북미 같은 선진국의 경우는 경기가 침체해 자동차 수요가 줄었을 뿐만 아니라 이미 1인당 자동차 보유 대수가 상당이 높았기 때문에 더 이상 시장의 확대는 어려웠다. 한편, 공급 측면을 살펴보면 임금 상승과 각종 노동조합의 활동으로 인해 현지 공장 형태로 선진 시장에 진출했던 많은 자동차 기업들은 비용 구조가 악화되는 등 선진 자동차 시장은 전반적으로 침체하기 시작했다.

위와 같은 해외 시장 변화는 기존의 해외 시장 진출 전략을 무용지물로 만드는 것으로 만약 이와 같은 변화에 선진 자동차 산업국들이 적절히 대응하지 못하고 실추한다면 그 순간 후발 자동차 산업국 중 하나가 그 자리를 메울 수 있는 기회가 생기는 것이다. 따라서 이와 같은 해외 시장의 변화는 후발 자동차 산업국에게는 좋은 기회의 창이 되었다.

기술 패러다임의 변화

1970년대 가솔린 자동차 엔진은 대부분 캬뷰레터식(기화식)으로 흡입공기량을 측정하고 연료의 분사량을 자동적으로 제어할 수 없기 때문에 이론공연비stoichiometric ratio[3] 연소가 불가능했다. 이는 삼원촉매three way catalytic converter[4]의 정화효율 향상을 어렵게 해 엔진의 성능을 개선하는 데 주요 장애요소가 되었다.

한편, 국제적으로 환경에 대한 관심이 증가하면서 1970년대 이후부터 선진국을 비롯한 국내에 배기가스 관련 규제법이 시행되었으며, 1970년대 두 차례의 석유파동을 겪으면서 높은 연비를 보유한 전자제어식 엔진에 대한 관심이 증가했다. 이와 같은 규제와 시장 환경의 변화는 엔진 기술의 패러다임을 기존의 기화식에서 상대적으로 비싸지만 고연비, 고성능에 유해가스를 덜 배출하는 전자제어식으로 바꾸어 놓았다.

이와 같은 자동차 산업에서 기술 패러다임의 변화는 후발주자에게 선발자를 추격할 수 있는 기회를 제공한다. 왜냐하면 새롭게 등장한 전자제어식 엔진 기술은 후발주자와 선발주자 모두가 동일하게 처음 접하는 것으로 선발자의 이점 없이 동일선상에서 경쟁이 가능하기 때문이다. 실제로 현대자동차는 80년대 중반에 엔진 개발을 시작할 때, 당시 지배적 기술인 캬뷰레터 방식의 엔진을 건너뛰고, 바로 새로 등장하는 전자제어식 엔진을 개발 목표로 설정하는 단계 생략형 추격 전략을 택했다(Lee and Lim 2001). 따라서 이와 같은 기술 패러다임의 변화는 후발 자동차 산업국에게 추격의 가능성을 엿볼 수 있는 기회의 창이 될 수 있었다.

제도 및 기타 외부 환경의 변화

1979년 2차 석유파동은 유가 상승을 통해 기존의 중형차를 선호하던 소비자들의 기호를 바꾸어놓았다. 특히 미국은 석유파동의 가장 큰 피해 국가 중 하나였는데 이 때문에 많은 미국 소비자들이 연료 절약형 소형 승용차를 선호하게 되었다. 그러나 미국기업은 이러한 소비자 변화에 즉각적으로 대응하지 못했다. 반면, 일본 자동차 기업은 적극적으로 대응해 미국 현지에 공장 건설을 하는 등 미국 시장점유율을 빠르게 증가시켰다. 이에 위기를 느낀 미국은 일본산 자동차를 수출 자율 규제로 묶는 법안인 VERVoluntary Export Regulation을 통과시켰다. 이 규제 법안에 의해 일본의 대미 수출 자동차 대수는 230만 대로 제한되었다. 이러한 제약으로 일본 자동차 산업은 미국 시장 진출 전략을 다소 수정하게 되는데, 동일한 대수를 팔아도 더 많은 이윤을 남길 수 있도록 부가가치가 높은 중형차의 판매를 늘리는 전략을 선택하게 된다. 즉, 2차 석유파동으로 인한 미국 소비자의 자동차 선호 변화(대형차에서 소형차로의 변화)는 상대적으로 소형차에 경쟁력을 가지고 있었던 일본이 미국을 추격할 수 있는 중요한 기회의 창으로 작용했다. 또한, 일본이 소형차로 미국 시장의 점유율을 증대하면서 이에 위기의식을 느낀 미국이 단행한 VER 규제는 오히려 일본이 중형차 시장으로까지 경쟁력을 확대시키는 기회를 마련해주었다.

한편, 1985년 이후 지속적으로 일본의 엔화 환율이 강세[5]를 보였던 반면, 한국은 저금리, 저환율로 유래 없는 호황을 누리고 있었다. 또한 1990년대 이후 일본은 소위 '잃어버린 10년'이라고 불리는 최악의 경기불황을 맞게 된다. 비록 1990년대 초 엔화가 절하되면서 환율 격차가 많이 줄어들었다고는 하나 1980년대 중·후반부터 약 6~7년간 한국 자동차 산업은 북미 시장에서 가격 경쟁력을 확보할 수 있었다. 일본의 불황과 엔화 강세라는 경제 환경의 변화가 '기회의 창'이 되어서 한국이라는 후발주자가 일본을 추격할 수 있게 해준 것이다.

한·일 자동차 산업의 성장 과정

1975년 현대가 최초의 국산 자동차인 '포니'를 출시한 이래 독자적 자동차 제조 능력을 확보한 한국 자동차 산업의 생산 능력은 1970년대 후반 연평균 20퍼센트의 성장을 시작으로 1980년에서 1985년까지 평균 25.2퍼센트씩 증가했다. 그리고 1985년을 기점으로 비약적인 발전을 거듭하는데, 1986년 59.1퍼센트, 1987년 62.9퍼센트라는 경이적인 성장을 달성했고, 1988년에는 100만 대 생산을 돌파해 세계 10위 생산국이 되었다. 또한, 1993년에는 205만 대를 생산해 세계 6위의 생산국으로 부상했고(노상문, 2004), 2011년 기준 420만 대로 세계 5위의 자동차 생산국이 되었다.

한편 일본 자동차 산업의 경우 승용차 부문에서 1970년대 528만
9,000대 생산에서 1990년 1,348만 대로 증가 추세를 보이다가 1995년
1,019만 대, 2000년 1,014만 대로 생산이 감소했다([표 6-1] 참조). 그러나
2011년 기준 일본은 962만5,000대로 여전히 세계 2위의 자동차 생산
국의 자리를 차지하고 있다.

1970년대 이래 약 오늘날까지 한국 자동차 산업 산출의 평균성장률
은 19퍼센트로 동기간 일본의 4.5퍼센트에 비해 약 네 배가 높다([표 6-2]
참조). 이는 약 40년 동안 자동차 산업의 생산 측면에서 한국이 일본보다
네 배 더 빠르게 성장해왔음을 의미한다. 그러나 1970년대부터 극심한
경기 불황이 닥쳤던 1990년대까지 약 20년 동안 일본의 자동차 총 생
산량은 528만 대(1970년)에서 약 1,348만 대(1990년)로 두 배 이상이 성장
했음을 알 수 있다([표 6-1] 참조). 같은 시기 한국은 약 2만 대에서 130만 대
로 기하급수적인 성장을 하긴 했지만 생산량의 절대적 수치로 보면 일
본의 1/7수준밖에 되지 않는다([그림 6-3] 참조).

최근 40년 간 양국 자동차 성장 과정을 비교했을 때 절대적인 생산
량에 있어서는 한국이 일본보다 여전히 뒤에 있지만 생산 요소별 증가
율 면에 있어서는 한국이 일본을 앞서고 있음을 인정하지 않을 수 없

[표 6-1] 일본 자동차 산업의 총 생산대수 추이

(단위: 천대)

구분		1970	1975	1980	1985	1990	1995	2000
생산	승용	3,178	4,567	7,038	7,646	9,947	7,610	8,363
	상용	2,110	2,373	4,004	4,624	3,538	2,585	1,659
	합계	5,289	6,941	11,042	12,271	13,486	10,195	10,144

자료: 한국자동차산업협회(2010).

[표 6-2] 한국과 일본 자동차 산업의 요소별 증가율 비교

(단위: %)

연도	총요소생산성 증가율		산출 증가율		자본투입 증가율		중간재투입 증가율		노동투입 증가율	
	한국	일본	한국	일본	한국	일본	한국	일본	한국	일본
71~75	2.9	0.4	12.5	3.0	−6.8	6.2	16.0	3.8	−2.0	−1.1
76~80	1.6	1.0	31.9	8.7	35.5	4.0	32.9	9.3	21.5	3.4
81~85	3.8	1.5	15.8	7.7	11.9	6.4	13.8	7.1	5.7	2.6
86~90	1.1	1.3	30.0	6.9	40.1	2.3	28.7	7.4	14.3	0.3
91~95	3.3	−0.4	15.7	−0.5	8.1	4.6	15.4	−0.9	4.7	−1.9
96~00	0.6	0.3	8.1	1.0	10.2	−0.8	7.7	1.3	−2.5	−1.1
평균	2.2	0.7	19.0	4.5	16.5	3.7	19.1	4.7	6.9	0.4

자료: 한국자동차산업협회(2010).

[그림 6-3] 한국의 자동차 산업 생산 현황

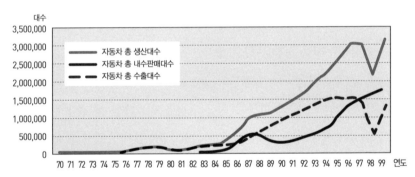

자료: 한국자동차산업협회(2010).

다. 따라서 본 연구는 한국의 자동차 산업이 일본을 어느 정도 추격한 것으로 간주해, 한국 자동차 산업이 1970년대부터 90년대까지 어떻게 일본을 추격했고, 그 이후 또 어떻게 추격을 가속화시켰는지를 살펴보도록 하겠다.

한국 자동차 산업의 일본 추격 성공 요인

기술 추격 전략

이근의 『동아시아와 기술추격의 경제학』(2007)에 따르면 자동차 산업은 전자 산업과 비교해 규모집약적이고, 첨단기술과학에 상대적으로 덜 의존하는 산업이라고 한다. 또한 혁신 과정이 비교적 예측하기 쉽고 암묵적인 지식이 차지하는 중요성이 높은데, 이는 자동차를 구성하고 있는 부품들이 자동차의 특정 모델에 종속되는 경향이 커서 PC처럼 구성 부품별로 독립된 시장을 형성하기 어렵다는 사실에 기인한다고 한다.

후지모토 다카히로 역시 그의 저서 『모노즈쿠리』(2004)에서 '아키텍쳐 Architecture론'을 소개하면서 기능과 부품의 대응관계가 매우 복잡한 '완전일체형integral'제품과 표준화된 기존 부품을 적절히 조립해 제품화가 가능한 '모듈형modular'제품으로 구분했다. 그의 구분에 의하면 자동차 산업은 전체 자동차 시스템의 성능을 발휘하기 위해 특별히 최적 설계된 부품 상호 간 미세한 조절이 필수불가결한 제품, 즉 '완전일체형' 제품을 생산하는 산업에 해당한다.

위의 두 저자들에 따르면 자동차 산업에서 추격의 성공 요인은 자동차의 제조 및 생산 기술의 내부화internalization에 있다고 볼 수 있다. 실제 한국 자동차 산업은 이와 같은 특성을 잘 간파해 1960년대에서 70년대 개발 초기 단계에서부터 막대한 규모의 연구개발비를 지속적으로 투자했고, 그 결과 독자적인 엔진 개발에 성공했다. 그러나 이것만이 한국 자동차 산업이 일본 자동차 산업을 추격할 수 있었던 이유는 아니었다. 한국 자동차 산업이 독자적으로 엔진 개발을 추진해오던 1980년대 초반 세계 자동차 산업은 혁명적인 '기술 패러다임의 변화'를 맞이하게 되는데 이 또한 추격을 가능하게 한 원인이었다.

1980년대 초까지만 해도 자동차 가솔린 엔진은 캬뷰레타 기화식 엔진[6]이 주를 이루었는데, 1차 석유파동으로 인한 연비에 대한 높은 관심, 자동차 배기가스에 대한 초국가적 위기의식 및 부정적 여론의 확산에 힘입어 높은 엔진효율과 유해가스를 적게 배출하는 '전자제어식 엔진'[7]에 대한 관심이 증대되었다. 게다가 전자제어식 엔진의 가장 큰 단점이었던 높은 비용은 관련 기술이 발전함에 따라 감소되어 더 이상 문제가 되지 않게 되었다. 자동차 엔진은 이제 기화식이 아닌 전자제어식으로 패러다임이 완전히 변화되었던 것이다.

한편, 이 시기 한국의 현대자동차는 독자 엔진 개발을 추진했는데 기존 기술인 기화식 엔진을 선택하지 않고 새롭게 부상하는 전자제어식 엔진을 선택해 R&D에 착수했다(Lee and Lim 2001; 이근 2007). 즉, 현대자동차는 선발자가 걸어왔던 기술 발전 경로를 뒤따르기보다는 새롭게 등장한 기술개발에 투자하는 것이 더 장래성이 있다고 판단한 것이다. 이와 같은 현대자동차의 전략적 선택의 결과로 1976년 최초의 국산 고유 모델인 '포니'를 출시했으며, 이어서 독자적 엔진 개발에 성공함에 따라 1980년대 새로운 기술 패러다임 속에서 세계 시장 진출을 모색할 수 있게 되었다. 이를 해석해보자면 한국 자동차 산업은 1980년대 초반 전자제어식 엔진이라는 기술 패러다임의 변화를 기회의 창으로 활용해 기존 기술 경로를 따르지 않고 한발 앞서 나가는 단계 생략형 기술 추격 전략을 선택함으로써 추격에 성공했다고 볼 수 있다.

기업의 경영 철학 및 의사결정 과정

산업 간 경제 추격이라고 하더라도 후발주자는 결국 개별 기업들이고 기업의 성공에 영향을 미치는 주요 요인의 하나가 경영 철학과 의사결정 과정이기 때문에 여기에서는 이와 관련된 내용을 살펴보도록 하겠다.

국내 자동차 산업은 자동차산업발전 5개년 계획에 의해 설립된 1962년 새나라 자동차를 시작으로 1970년대 현대, 기아, 새한[8]의 삼원화 구조를 이루게 되었다. 그러나 1983년 새한자동차는 대우자동차에 합병되고, 외환위기 이후 대우그룹이 붕괴됨에 따라 대우자동차 또한 미국의 GM에 인수되었다. 또한, 1999년 기아자동차는 현대자동차에 합병됨으로써 1980년대 이후 약 30년 사이에 국내 자동차 기업은 전부 도산 혹은 인수합병이라는 운명을 맞이하게 되었다. 결국 한국 자동차 산업이 첫 걸음을 뗀 1960년대 이후 약 반 세기 동안 유일하게 독자적인 경영권을 가지고 지속적으로 사업을 발전시켜온 기업은 현대가 거의 유일하다고 할 것이다. 따라서 저자는 현대자동차를 중심으로 기업경영 철학과 의사결정 구조를 고찰해보고자 한다. 특히, 도요타와의 비교를 통해서 한국 자동차 산업이 어떻게 일본 자동차 산업을 추격했는지를 알아보고자 한다.

최홍봉(2009)의 연구에 따르면 세계 자동차 시장에서 후발주자였던 현대자동차의 기업경영 철학은 '기술 도입을 통한 기술 자립'과 '독자적 경영권의 유지'이다. 세계 제1의 자동차 생산업체이며, 일본 자동차 산업 발전의 일등공신인 도요타자동차 또한 현대자동차와 유사한 기업경영 철학을 가지고 있다고 한다. 사실, 기술 자립과 독자적 경영권 유지를 동시에 성취하는 것은 쉬운 일이 아니다. 기술 자립을 위해서는 필연적으로 선진 자동차 업체들로부터 기술이전 혹은 기술지원을 받아야하는데, 이 과정에서 기술이전 회사는 합작기업 설립 및 직접투자 등의 다양한 형태로 경영권을 요구하기 마련이기 때문이다. 따라서 위와 같은 경영 철학을 유지하는 것 자체가 많은 비용이 들고 어렵기 때문에 내부의 반발 또한 만만치 않아 그 누구도 쉽게 고수할 수 없는 일이었다. 1970년대부터 1980년대까지 높은 성장률을 보였던 대우, 기아, 새한 같은 국내 자동차 업체들은 현대처럼 기술 자립과 독자적 경영권 유지 둘 다 유지하지 못했기 때문에[9] 역사의 뒤편으로 사라졌다고 볼 수 있는데, 이와 같은 경영 철학이 오늘날 현대자동차를 세계 최고의 기술력을 가진 기업으로 성장하는 데 결정적인 역할을 했다고 할 수 있다.

한편, 일본의 도요타 자동차와 비교를 하자면 도요타는 사업을 출범했던 1950년대 당시 이미 높은 수준의 중공업 및 제조업 기술을 보유하고 있었기 때문에 비교적 빠른 시간 내에 자체 기술개발을 시도할 수 있었다. 그러나 현대자동차가 설립된 1960년대의 한국은 기계공업 수준이 매우 낮았기 때문에 다른 국내 자동차 회사와 마찬가지로 초기 단계부터 해외 기술 도입은 불가피했다. 하지만 1970년대 초반 회사 내 중역과 간부 들의 거센 반발에도 불구하고 정주영 회장과 정세영 사장은 고유 모델을 만들기 위해 선진 자동차 업체와 합작 없이 독자 모델 개발에 착수했다. 이러한 현대자동차의 경영 철학은 당시로서는 매우 위험하고 불확실한 것이었다. 특히 기화식 엔진을 독자적으로 제작할 능력은 물론이고 관련 부품에 대해서조차 기술 축적이 전혀 이루어지지 않은 상태에서 새로운 기술인 전자제어식 엔진 개발을 추진한다는 것은 위험부담이 높을 뿐만 아니라 막대한 R&D 투자 비용이 드는 일이었다. 하지만 현대자동차의 CEO는 당시 자동차 엔진 기술의 패러다임이 바뀌고 있으며, 세계 시장에 적극적으로 진출하기 위해서는 독자적 엔진 개발 능력이 없으면 불가능하다고 굳게 믿었기 때문에 이와 같은 전략을 끝까지 추진했다. 이러한 현대자동차의 경영 철학을 기업의 의사결정 과정에 비추어 본다면 위험 선호적Risk-Loving 의사결정을 해왔다고 볼 수 있다.

반면 도요타 자동차를 비롯한 일본 자동차 기업의 경우 일본 기계공업의 높은 기술 수준, 일본 군부와의 밀접한 관계, 정치적으로 급변하는 상황 등의 환경적 요인하에서 1960년대 당시 독일과 미국 같은 선진 자동차 산업 국가들을 추격하기 위한 전략 수립에 있어서 위험 회피적 Risk-Averse 의사결정을 해온 것으로 여겨진다(최홍봉, 2009). 즉, 이미 높은 기술공업 수준을 보유하고 있는 상황에서 굳이 높은 위험과 비용을 수반하는 단계 생략형 기술 추격 경로를 선택하기보다는 선진 자동차 기업의 자동차 부품을 모방·제조하면서 점진적으로 선진업체와의 격차를 줄여가는 경로 추종형 기술 추격 전략을 선택한 것으로 풀이된다.

이러한 의사결정 방식이 하나의 원인이 되어 1970년대부터 2000년대까지 약 30년 동안 한국 자동차 산업의 총 생산량 증가율은 연평균 약 19퍼센트를 기록한데 비해 일본은 약 4퍼센트에 그쳤다([표 6-2] 참조). 이는 1950년대 전후 특수와 60년대 세계의 무역 개방화 흐름 아래서 일본이 독특한 생산 방식과 꾸준한 기술 투자를 통해서 연평균 20퍼센트가 넘는 성장을 해왔던 것과 대조되는 현상이라고 할 수 있다. 결국, 한국의 자동차 산업은 일본이 약 60년에 걸쳐 점진적으로 축적한 기술 노하우와 생산관리 방식(경로 추종형 전략을 통해)을 단계 생략형 전략을 통해 단

20~30년 만에 추격에 성공했다고 할 수 있다.

생산 관리 기술과 하청 구조

앞에서 엔진의 기술이 기화식에서 전자제어식으로 변화되는 기회의 창이 한국에게 열렸을 때 단계 생략형 기술 추격 전략과 위험 선호적 의사결정 방식을 선택함으로써 한국이 상대적으로 빠른 시간 안에 일본 자동차 산업을 추격할 수 있었음을 설명했다. 여기에서는 한국 자동차 산업이 어떤 제품 기술과 생산관리 기술을 도입했고, 어떻게 이러한 기술을 자신들의 상황에 맞게 변화시켰는지 살펴봄으로써 추격의 세 번째 요소인 '기술의 도입과 적용'을 제시하고자 한다.

자동차 산업에서 기술이란 무엇을 의미하는 걸까? 첫째, 제품기술로 자동차의 부품을 만드는 기술과 이러한 부품을 특정 목적에 맞게 결합하고 연결하는 기술을 의미한다. 이것은 곧 자동차의 품질과 관련된 기술로서 많은 R&D 투자, 축적된 자본, 노하우를 통해서 개선이 가능하다. 둘째, 생산관리 기술로 자동차를 만들기 위한 자본과 노동 투입의 비율, 공장가동시스템 방식, 하청거래구조 등을 포함한다. 제품기술의 경우 한국은 새로운 방식(전자제어식)의 엔진 기술을 독자적으로 개발함으로써 제품기술의 열위를 스스로 극복하고 있음을 앞에서 언급한 바가 있기 때문에 여기에서는 하청거래구조를 포함한 생산관리 기술만을 다루고자 한다.

한국 자동차 생산관리 기술의 발달은 크게 네 단계로 구분될 수 있는데, 60년대의 조립생산화, 70년대의 제조단계화, 80년대의 전 공정의 자동화, 90년대의 유연적 자동화 시스템의 정착이 바로 그것이다

([표 6-3] 참조). 1962년 경제개발 5개년 계획이 발표된 이래 신진, 아시아, 현대, 3사가 국내 승용차 시장에서 경쟁을 벌였다. 이 시기 생산관리 기술은 이른바 'KDKnock Down 조립생산 방식'이었는데 해외로부터 부품을 수입해 완제품을 조립하는 방식이었다. 이때 신진, 아시아, 현대가 각각 도요타, 피아트, 포드와 기술제휴를 맺어 부품을 조립하는 기술을 전수받았다. 하지만 이와 같은 방식은 기술 종속화, 외화 낭비, 부품 산업 기반 발전 저해라는 한계점을 갖고 있었기 때문에 반드시 생산관리 기술이 제조단계화로 발전할 필요가 있었다. 이러한 필요를 배경으로, 자사 고유 모델 개발에 대한 현대와 기아자동차 경영진의 강한 의지와 정부의 장기자동차공업진흥계획(1974년)에 의한 국산화 지원 결과에 힘입어 한국 자동차 산업은 조립생산 체제에서 독자적 생산 체제로 전환하게 된다(1970년대~1980년대 초반).

1975년 현대자동차 최초의 고유 모델 '포니'를 시작으로 국내 자동차 산업은 독자적 생산과 수출에 이르게 되었으며, 이는 통합 컨베이어 시스템의 도입을 통해 가능했던 일이었다. 또한, 대규모 종합공장을 건설해 대규모 양산 체제를 준비했다. 비록, 차체 설계, 엔진, 변속기 등의 핵심 기술은 해외 선진 기술에 의존했으나, 자동차를 구성하는 수많은 기술 요소들을 결합해 하나의 자동차로 완성하는 전 생산 과정을 자체적으로 이룩했다는 데에 큰 의의가 있을 것이다(김시윤 외 2인, 2000, 166~217쪽).

1980년대는 전 공정의 자동화를 이룩해 수출 기반을 확립하는 단계였다. 수출 전략형 승용차를 개발하기 위해서는 독자적인 고유 모델을 만드는 능력을 넘어서서 생산성과 품질 향상이 필수적이었는데, 현대

[표 6-3] 연대별 한국 자동차 산업의 생산관리 방식 도입(70~90년대)

연도	기술 도입
1970년~1984년 (70년대)	1. 마루 컨베이어 도입 2. 천장 컨베이어 도입 3. 자동 컨베이어 도입 4. 자동 스프레이 부스 도입 5. 부품 공급 컨베이어 도입 6. 낙하 승강기 도입 7. 멀티 웰터 용접기 도입 8. ALC(Automated Line Control) 시스템 도입 9. CAD/VAN설치 10. 계열 생산체제 도입 11. 소품종 소량생산 확립
1985년~1989년 (80년대)	1. 단위 공정의 부분적 자동화 추진(85년) 2. 용접, 도장공 로봇의 본격 도입 3. CAM시스템 도입 4. NC기기의 도입 5. 간반 시스템 도입 6. 포카요케(ポカヨケ, poka-yoke)도입 7. 라인스톱장치 도입 8. 트랜스퍼 머신 도입 9. 트랜스퍼 프레스 설치 10. 플랙시블 트랜스퍼 머신 도입 11. 소품종 대량생산 체제 확립
1990년~1997년 (90년대)	1. FMS(Flexible manufacturing System) 도입 2. 공장 자동화, 사무자동화를 급진적으로 시행 3. FBL 시스템 도입 4. Track Guided Vehicle 5. 차종서열지시 시스템 도입 6. Pull 생산방식 도입 7. Tilted 시스템 도입 8. 모듈 생산 도입 9. Windmill Jig 도입 10. ALC시스템 개선 및 Visual 관리 도입 11. 유연적 자동화 시스템 완성

자료: 한국자동차산업협회(2010).

자동차를 비롯한 한국 자동차 기업들은 이 시기에 자동화 생산관리 방식을 도입해 본격적으로 수출 위주 대량생산 체제를 갖추어나갔다. 현대자동차의 경우 일본 미쓰비시와 기술제휴 및 자본합작 계약을 맺고 85년부터 '엑셀'을 대량생산하기 시작했다(김창철, 2001, 29쪽).

1990년대는 현대자동차와 기아자동차를 주축으로 한국 자동차 산업이 가장 적극적으로 일본의 생산관리 기술을 도입했던 시기이다. 1970년대와 1980년대에 독자적 엔진 개발과 생산관리 기술 도입을 통해 축적된 자본과 기술 노하우를 바탕으로 한국은 적극적으로 북미 시장에 진출하게 된다. 이때 수출 증가에 필수적인 수출 차종의 다양화와 고급화를 추진하기 위해 일본으로부터 유연적 자동화 기술을 도입한다. 일본이 전 세계 해외 공장에서 성공적으로 적용하고 있었던 유연적 자동화 기술은 수요 변동에 따라 제품 모델이나 생산량을 유연하게 조절할 수 있는 시스템으로서 우리나라에서는 현대자동차가 가장 먼저 FBLFlexible Body Line 시스템을 도입한 이래 90년대 후반까지 대부분의 기업이 유연적 자동화 시스템을 성공적으로 도입·흡수했다(김창철, 2001, 29쪽).

이와 같이 80년대 중반 이후부터 본격적으로 도입된 자동화 시스템은 제품의 생산성과 노동 생산성 측면에서 상당한 성과를 가져왔는데, 현대자동차의 사례를 통해 살펴보면 [표 6-4]와 같다. 표에서 알 수 있듯이 89년 1인당 노동 생산성은 16.2대였으나, 점차 증가해 97년에는 29.2대에 육박하게 된다. 또한 총 생산량의 증가율이 90년 이후부터 외환위기가 발발했던 98년 전까지 계속해서 노동 투입량의 증가율을 크게 앞지르고 있음을 알 수 있다. 이는 앞에서 살펴보았듯이 일본으로부터 도입한 80년대의 자동화 생산방식, 90년대의 유연적 생산시스템이

[표 6-4] 현대자동차의 노동생산성 증가 현상 (1988~1999년)

연도	총생산대수	총생산대수 증가율(%)	총근로자수	총근로자수 증가율(%)	1인당 생산대수
1988	647,387	8	33,606	16	19.2
1989	614,379	-5	37,863	12	16.2
1990	676,067	10	38,463	1	17.6
1991	770,096	14	40,649	5	18.9
1992	883,314	15	41,195	1	21.4
1993	996,140	13	41,409	0	24.1
1994	1,174,041	18	44,083	6	26.6
1995	1,272,592	8	45,297	2	28.1
1996	1,357,790	7	47,098	3	28.8
1997	1,346,964	0	46,196	-2	29.2
1998	899,196	-33	37,752	-18	23.8
1999	1,307,031	45	50,984	35	25.6

자료: 한국자동차산업협회(2010).

한국 자동차 기업들에 정착되면서 노동 대체 효과가 발생해 노동 생산성이 크게 증가했음을 의미한다.

해외 시장 진출 전략

한국 자동차 산업은 76년 현대자동차가 최초의 국산 모델 포니를 출시한 이래 80년대 자동화 생산 방식을 도입함으로써 해외 시장 진출을 위한 두 가지 선결 조건 '대규모 양산 체제의 확립'과 '자체 기술개발 능력 확보'를 충족시켜나갔다. 축적된 기술과 자신감을 바탕으로 우리나라 자동차 산업은 1980년대 초반부터 중남미와 중동에 수출을 개시했다. 그러나 본격적으로 해외 시장에서서 성과를 거둔 것은 1984년 현대자동차가 캐나다에 2만5,000대의 포니를 수출한 때부터이다. 곧이어

1986년에는 세계 최대 자동차 시장인 미국 시장을 공략하기 시작했고, 공략 첫해에 16만8,000대의 수출이라는 쾌거를 거둔다.

80년대 중반 한국 자동차가 북미 시장에서 이처럼 빠른 성과를 거둘 수 있었던 이유는 무엇이었을까? 그 이유는 1980년대 중반 미국은 일본산 자동차를 견제하기 위해 대미국 일본 수출 자동차 대수를 제한하는 VER을 통과시켰는데, 이것이 한국 자동차 산업에 기회의 창으로 작용했기 때문이다. 이 법안으로 일본은 부가가치가 높은 중형차 시장으로 주력 상품을 전환했고, 그 결과 북미 시장의 중·소형차 시장에 틈새가 형성된 것이다. 바로 그 시기 한국 자동차 산업은 독자적 엔진 개발, 일본 생산관리 방식의 도입, 정부지원을 통한 대규모 종합 자동차 공장단지의 조성을 통해 독자적 소형차 모델의 대량생산 체제를 갖추어 놓은 상태였다. 특히, 현대자동차의 경영진은 이러한 기회를 적시에 포착해 미리 준비된 기술과 자본을 바탕으로 본격적으로 북미 시장 진출에 나섰다. 게다가 일본과 미국의 외교적 마찰, 80년대 중·후반 달러에 대한 엔화의 강세, 한국의 저금리, 저환율에 따른 높은 가격 경쟁력으로 인해 한국 자동차 산업은 1986년부터 1990년대 초반까지 북미 시장에서 높은 성장률 기록하게 되었다([표 6-5] 참조).

한국 자동차 산업이 북미 시장에서 일본을 추격한 것은 1990년대 초반이었다. 일본이 장기 불황을 겪으면서 북미 수출량이 감소함에 따라 1990년대 말까지 한국의 일본 추격은 지속되었다. 양국의 북미 시장 진출 전략을 살펴보면([표 6-6] 참조) 시점만 다를 뿐 양국은 직접수출 이후 해외직접투자라는 동일한 경로를 걷고 있었다. 다만 일본은 직접수출 후 해외직접투자까지 30년의 세월이 걸렸던 반면 한국은 이를 20년 만에

[표 6-5] 한국 자동차 산업의 지역별 수출 추이

지역\연도	북미	서유럽	동유럽	아프리카	아시아	중동	태평양	중남미	계
1986	268,485	12,028	-	789	2,713	11,332	4,571	6,451	306,369
1987	474,400	28,327	-	2,413	7,251	12,630	8,617	12,672	546,310
1988	513,415	21,104	-	3,587	9,563	11,717	8,342	8,406	576,134
1989	277,232	22,185	3,000	2,730	26,742	5,723	11,560	6,868	356,040
1990	251,183	19,364	9,505	5,773	33,544	6,442	13,123	8,206	347,100
1991	228,945	55,833	17,662	8,351	37,142	14,223	15,029	13,177	390,362
1992	154,171	109,416	10,894	13,386	52,961	44,672	20,593	50,062	456,155
1993	140,708	131,329	26,507	11,968	101,380	100,898	30,649	95,100	638,557
1994	234,904	138,300	21,528	17,746	56,435	94,389	45,564	129,077	737,943
1995	202,786	276,549	76,065	42,298	40,842	100,296	74,251	165,601	978,688
1996	223,509	303,283	146,916	90,444	63,338	108,155	107,796	166,716	1,210,157
1997	237,690	362,590	187,102	52,821	56,821	102,286	116,827	200,748	1,316,891
1998	254,886	492,785	277,553	70,234	33,395	196,591	118,944	189,304	1,633,692
1999	453,110	542,017	253,991	79,476	76,382	234,157	96,495	101,835	1,836,773

자료: 한국자동차산업협회(2010).

이루었다는 점이 다르다. 따라서 1980년대 후반부터 1990년대 후반까지 약 10년간 한국은 일본의 북미 시장 진출 전략을 적절히 모방했다고 볼 수 있는데, 이는 본 연구에서 사용되는 표현으로 하자면 경로 추종형 추격 전략을 구사한 것이다.

한편 90년대 말 자동차 시장에는 또 다른 기회의 창이 열렸다. 그것은 바로 신흥 시장의 성장과 선진 시장의 침체였다. 이른바 브릭스라고 불리는 브라질, 러시아, 인도, 중국은 엄청난 인구 규모를 자랑하는 나라들로서 높은 경제 성장률을 바탕으로 90년대 말부터 세계 시장에 강자로 부상하고 있었다. 한편 서유럽과 북미 시장의 경우 경기 침체와

[표 6-6] 한국과 일본 자동차 산업의 북미 시장 진출 전략

구분	도요타	혼다	닛산	현대
진입전략	수출(1957): 자동차	수출(1959): 오토바이	수출(1958): 자동차	수출(1986): 자동차
수출전략	직접수출	직접수출	직접수출	직접수출
해외직접투자 (FDI)	합작투자(1984)	단독투자(1982)	단독투자(1985)	단독투자(2005)

자료: 한국자동차산업협회(2010).

내수 시장 부진 등으로 인해 수요 여건이 악화되었고, 현지 공장의 임금 상승과 원자재 가격의 상승 등으로 공급 여건 또한 악화되었다. 한국 자동차 산업에 있어서 이 시기는 북미 시장에서 다시 회복한 일본과 치열한 경쟁을 벌이며 좀처럼 격차를 줄이기 힘들던 때였다. 따라서 한국은 브릭스라는 신흥 시장의 출현을 기회의 창으로 삼아 '수출 다각화' 전략을 구사하게 된다. 즉, 일본이 기존의 북미 시장과 아시아, 특히 중국 시장을 공략했다면 한국은 중남미, 중동, 아프리카, 동유럽 등 비교적 경쟁이 덜 치열하고 향후 성장 가능성이 높은 나라에 직접투자를 감행하는 등 공격적인 해외 시장 다변화 전략을 시도했다. 그 결과 IMF 구제금융 이후 내수 시장과 해외 시장에서 큰 타격을 입었던 국내 자동차 산업은 2000년대 초반을 기점으로 다시 해외 시장에서 높은 판매량을 기록하며 일본을 추격하고 있다.

정부의 산업 정책

한국정부가 자동차 산업에 대해 본격적으로 보호 및 육성 정책을 펼친 것은 1962년 '자동차공업 5개년 계획'을 발표하면서부터이다. 하지만

이 시기의 자동차공업 정책은 근대적인 자동차조립시스템의 도입에 치중한 나머지 기존의 부품기업이나 부품공업의 국산화를 소홀히 했다는 평가를 받는다.

한편 1990년대 중반까지 우리나라 자동차 시장 구조는 현대, 기아, 대우 3사 형태로 정착되었는데 이는 상대적으로 작은 내수 시장 규모의 한계를 극복하고 수요를 집중화시켜 규모의 경제를 달성하기 위한 정책적 노력의 결과였다고 볼 수 있다. 초기 단계에서 정부는 규모의 경제를 다소 희생하더라도 국산화를 촉진한다는 목적하에 일부 기업의 신규 진입을 허용했다. 또한 개별 기업의 국산화율을 기준으로 시장점유율을 간접적으로 조정하는 등 매우 강력한 경쟁 정책을 사용하면서 국산화에 대한 강력한 의지를 보였다. 그 결과 1970년대는 신규 기업이 대거 참여하는 본격적인 경쟁 관계가 형성되었고, 다른 개도국들과 달리 발달단계 초기부터 외국 자본의 경영 간섭을 거의 받지 않았다.

1970년대 중반 우리나라는 본격적인 중화학공업시대를 맞아 자동차 산업에 대해 대규모 금융 지원, 세제 혜택, 행정 시책을 제공했다. 1973년 6월 발표한 '장기자동차진흥계획'은 1975년까지 1,500cc급의 고유 모델과 연간 5만 대의 양산 체제를 구축하는 업체에 대해서는 국민차 생산업체로 지정하고, 물품세의 1/2과 자동차세의 2/3를 감면함과 동시에 우선적 금융과 행정 시책의 지원을 제공하며, 승용차 내수의 80퍼센트 이상을 우선 공급할 수 있는 인센티브를 제시했다. 이러한 계획 덕택에 국내 자동차 업체들은 국산 고유 모델 개발과 양산 시설 구축에 사활을 걸게 되었고, 1970년대 한국 자동차 산업은 국산화와 대량생산 체제의 확보라는 두 마리 토끼를 잡았다. 또한 1974년과

[표 6-7] 한국, 미국, 일본의 경상 R&D 투자 및 GDP 대비 R&D 투자비중 추이

연도	경상 R&D투자			R&D투자의 GDP비중(%)		
	한국	미국	일본	한국	미국	일본
1980	428	20,657	62,594	0.77	2.29	1.91
1981	526	24,322	71,869	0.81	2.37	2.02
1982	712	23,613	80,018	1.02	2.41	2.05
1983	858	27,383	89,139	1.11	2.46	2.18
1984	1,096	30,214	101,139	1.29	2.49	2.25
1985	1,390	34,025	113,819	1.58	2.59	2.39
1986	1,865	49,935	119,555	1.73	2.70	2.37
1987	2,506	62,335	125,376	1.81	2.66	2.42
1988	3,587	76,279	132,889	1.84	2.61	2.46
1989	4,146	79,037	140,981	1.89	2.58	2.56
1990	4,676	83,497	151,544	1.91	2.63	2.64
연평균 증가율(%)						
1970–1999	26.85	16.56	7.80	1.25	2.47	2.28
1970–1979	25.98	19.85	9.63	0.47	2.27	1.68
1980–1989	30.48	14.69	8.64	1.57	2.51	2.31
1990–1999	21.22	12.90	2.45	2.44	2.60	2.84

자료: 한국자동차산업협회(2010).

1977년 물품세와 자동차세를 인하하고, 자동차 특별세에 대해서도 세율을 인하했다. 마침 국내 경제가 연평균 13퍼센트 이상의 고도성장을 보이고 있던 시점이어서, 대폭적인 세율 인하는 곧 자동차의 내수 판매 확대로 이어질 수 있었다.

한편 1980년대 중반부터 정부는 본격적인 R&D 투자 지원 정책을 실시했는데, 이는 저임금 정책의 유지, 값싼 양질의 노동공급 여건, 정부의 지속적인 R&D 유도 정책에 대한 기업의 호응이 조화를 이루어 발

생된 현상이라고 볼 수 있다. 또한 1980년대 후반 저환율, 저금리 정책 기조와 더불어 서울올림픽 이후 내수 시장의 폭발적 성장 역시 R&D에 대한 수요를 늘리는 방향으로 작용했다. 이러한 정책적 기조와 기업의 투자 전략, 국제 경제 환경의 변화 등이 맞물려 한국의 R&D 비용은 동시기 일본과 미국에 비해 높은 성장률을 보이며 자동차 산업의 성장에 견인차 역할을 했다([표 6-7] 참조).

미국 자동차 산업의 쇠퇴

기업경영 방식

노사관리: UAW와의 단체협상

미국 자동차 산업 쇠퇴의 중요한 원인으로 지적되는 내적 요인은 바로 강성노조이다. 1935년 5월 노동자들의 권익 증진을 위해 세워진 미국의 전미자동차노동조합UAW; United Automobile, Aerospace and Agricultural Workers of America은 미시간 주 디트로이트에 위치해 있고, 조합원 약 39만 명, 퇴직 조합원 약 60만 명 규모의 미국 자동차 산업을 대표하는 노동조합이다.[10]

UAW는 1970년대 후반 조합원 수가 150만 명을 넘을 정도로 조직을 확대했고, 단체협상을 통해 고용 보장, 퇴직자에 대한 퇴직 급여 및 의료 급여의 보장을 이뤄냈다. 근로자의 연령대가 낮고 채용 규모가 늘어났던 1960년대에는 퇴직급여의 약속이 용이했으나, 2000년경 근로자 평균연령이 50세에 달하고 퇴직자 수가 현직 근로자 수를 넘어서면서 이는 점차 부담으로 작용하게 되었다. 이 결과 미국업체가 부담해야 하는 퇴직자 건강보험 비용은 연간 수십억 달러에 달하게 되었다. 그 한 예로 GM의 퇴직자를 위한 건강보험기금에 관한 2007년 협약을 보면 아래와 같다.

> "GM은 2010년 1월 1일까지는 (기존 내용의) 변화 없이 퇴직 조합원들을 위한 의료 급여medical benefits를 계속해서 제공할 것이며, 이를 위해 약 54억 달러의 비용이 소요될 것으로 예측된다. 이와 같은 현재의 의무는 건강보험기금에 추가될 것이다."

위 협약에서 볼 수 있듯이 퇴직 조합원들을 위한 의료 급여는 미국 자동차 산업에 큰 부담으로 작용했다. 이는 차량 1대당 1,000달러가 넘는 노동 비용의 추가 지출로 나타나게 되었다. 결국 GM의 시간당 총 노동 비용은 69달러로, 도요타의 48달러보다 40퍼센트 이상 높은 것으로 추정되며(모세준 외 2인, 2009, 4쪽) 이는 가격의 비교 우위를 더 이상 유지하기 어려움을 의미한다. 이로 인해 미국의 자동차 산업은 시장 경쟁력 유지에 큰 어려움을 겪게 되었고(권순원, 2007, 36쪽), 결국 미국 자동차 산업의 위기를 초래한 원인이 되었다.

양적 팽창에 치우친 경영 전략

미국 자동차 산업 쇠락의 또 다른 내적 원인은 경영의 비효율성에서 찾을 수 있다. 미국 자동차 업계는 적극적인 인수합병M&A을 통한 지배 영역 확대와 외형적 규모 팽창에 힘써왔다([표 6-8] 참조). 영국의 경제전문지 《이코노미스트》에 따르면 전 세계 자동차 업체가 생산할 수 있는 능력은 1년에 약 9,400만 대이지만, 소비 수요는 약 6,000만 대로서 3,000만 대 이상의 과잉생산 체제를 가지고 있다고 한다. 이와 같은 초과공급 상황에서 경쟁은 더욱 심화되고, 이윤율에 대한 압박 역시 심해졌다. 결과적으로 덩치가 커서 변화에 빠르게 대응하지 못하는 미국 자동차 기업들은 더욱 불리해졌다(금속노조정책연구원 산업정책연구팀, 2009, 6쪽). 게다가 M&A에 지나치게 많은 자금을 투입해 품질 개선 및 R&D를 위한 자금 투입은 상대적으로 적어지게 되었고, 이는 결국 미국 자동차 산업의 경쟁력을 하락시켰다.

또한 미국 자동차 기업 경영자들은 생산 포트폴리오를 다변화하기보다는 상용차량과 대형 승용차 브랜드를 집중적으로 생산했다. 이로 인해 유가가 상승하는 경우 소형차 또는 고연비차로의 수요 변화에 제대

[표 6-8] 미국 빅3 인수 합병 브랜드 현황

그룹	보유 브랜드	창립	생산
GM	뷰익/캐딜락/시보레/GMC/허머/폰티악/새턴/오펠/복스홀/홀덴/사브/GM대우 (12개)	1908년	882만대
포드	포드/링컨/머큐리/볼보/마쓰다 (5개)	1903년	637만대
크라이슬러	크라이슬러/닷지/짚 (3개)	1925년	257만대

자료: 모세준 외 2인(2009).

로 대응하지 못했고, 정부에 로비와 압력을 행사해서 정부 구제를 통해 위기를 탈출하려는 노력을 계속했다. 이러한 경영 전략으로 인해 미국 자동차 산업의 경쟁력은 더욱 더 약화되었다.

약탈적 부품가격 설정을 통한 생산관리 방식

미국 자동차 산업의 생산 방식 역시 경쟁력을 약화시키는 원인이 되었다. 미국은 전통적으로 부품공급업체들과 1년에서 2년 정도의 단기 계약만을 체결하고, 계약이 만료되면 원가를 더 절감할 수 있는 다른 부품공급업체를 찾는 형식으로 철저하게 경쟁 논리에 입각한 계약관계를 형성해왔다. 일례로 GM은 '공급업체와 함께 하는 구매투입 최적화 방식PICOS: Purchased Input Concept Optimization with Suppliers'을 통해 1년에 약 40억 달러의 부품 구매 비용을 절감했다. 이와 같은 부품업계와의 적대적 동반관계는 단기적으로 비용 절감은 가져왔으나, 장기적으로는 산업 전반의 경쟁력을 악화시키는 원인으로 작용했다(정하용, 2011, 297쪽).

1990년대 후반부터 미국 자동차 산업은 모듈화 생산 방식으로 전환했는데, 모듈화란 완성차 조립업체의 다양한 제품 개발 시도에 따른 위험과 투자를 부품공급업체가 분담해 적극적으로 연구개발에 참여토록 하는 것으로 원가 절감을 통한 이윤 구조 개선을 도모하기 위한 것이었다. 이에 따라 GM, 포드는 부품 사업을 분리 독립시켜 델파이Delphi, 비스티온Visteon을 설립했다(정하용, 2011, 297쪽). 그러나 부품공급업체에게 개발, 생산, 품질의 책임을 전가시킨 채 책정된 구매 가격은 부품공급업체가 이루어놓은 제품 개발 비용을 보전받을 수 있는 수준이 아니었다. 게다가, 금융위기에 따른 급격한 수요 위축은 델파이 같은 회사를 파산시켰다.

결론적으로 미국의 자동차 업체는 지속적으로 생산 방식을 변화시키는 노력을 기울였지만, 부품공급업체에 대한 구매업체의 지배적 지위를 이용한 비용 절감 전략은 경쟁력을 증가시키기보다는 악화시켰다.

법·제도의 측면

기업평균연비기준

1970년대 석유파동 이후 미국은 자동차 연비 개선 노력을 정책적으로 기울여왔다. 1975년 에너지 정책 및 보전법을 통과시켜 기업평균연비기준CAFE: corporate average fuel economy. 모든 자동차회사들이 지켜야 하는 전체 판매 차종들의 최저 평균연비을 확립했다([표 6–9] 참조). 따라서 승용차를 생산하는 자동차 제조업체들은 높은 연비 개선을 요구받았다. 그러나 픽업트럭과 같은 상용차량에 대해서는 높은 연비를 허가했다. 이로 인해 미국 자동차 시장은 연비가 우수한 수입 차량이나 아예 연비가 적게 드는 소형차량에 대한 수요가 폭증하게 되었다. 마침 높은 유류세를 부과해 연비가 우수한 차량을 개발하고 있던 일본은 이 시기를 타고 미국 소형차 시장에 진출하기 시작했다. 미국 자동차 업계는 주로 수익률이 높은 대형차 위주의 자동차를 생산하고 있었기 때문에 소형차 수요 폭증에 즉각적으로 대응하기가 힘들었으며, 이를 계기로 미국 자동차 산업의 위기가 시작되었다.

유가가 다시 안정되자 미국 자동차 업계는 연비 효율화 및 소형차량

[표 6-9] 역대 미 행정부 연비 규제 내용

대통령	당적	재임기간	내용
제럴드 포드	공화당	1974-1977	1975년, 에너지 정책 및 보전법 통과, 기업평균연비기준(CAFE)확립
지미 카터	민주당	1977-1981	10년 내 신형 차량 연비를 점진적으로 갤런당 27.5마일(11.7km/l)로 끌어올릴 계획 수립
로널드 레이건	공화당	1981-1989	1986년 갤런당 주행거리를 26마일로 후퇴시킴
조지부시1세	공화당	1989-1993	연비기준을 다시 갤런당 27.5마일로 회복
빌 클린턴	민주당	1993-2001	경트럭에 대한 연비효율기준 향상 방안 조사, 무산
조지부시 2세	공화당	2001-2009	2020년까지 연비기준 갤런당 35.5마일로 높이기로 계획
버락 오바마	민주당	2009-	2016년까지 평균 연비를 갤런당 25마일에서 35.5마일로 높일 것으로 계획

자료: 추연환, 정근해(2009).

개발에 힘쓰기보다는 연비에 대한 느슨한 규정과 일본 등 외국 기업의 경쟁 차종이 없는 픽업트럭, SUV 같은 상용차량 쪽으로 생산 품종을 전환하기 시작했다. 클린턴 정부 시절, 상용차량에 대한 연비 효율 기준 향상을 논의하기도 했으나, 이에 대해 자동차 업계는 의회에 로비와 압력을 행사해 논의를 무산시켜버렸다. 게다가 미국정부는 픽업트럭 관세를 25퍼센트(일반 차량은 2.5퍼센트)로 유지시켜 자국 산업 보호 정책을 통해 외국 업체의 진출 통로를 사전에 차단했다. 그 결과 2004년 기준, 미국 자동차 총매출액의 54.6퍼센트를 상용차량이 차지함으로써 미국 자동차 산업은 매우 편중된 생산 구조를 갖게 되었다.

일본 수출자율규제

일본 자동차 기업들이 미국시장점유율을 점차 증대시키자([표 6-10] 참조) 미국 자동차 업계는 연방정부가 이 부분에 대해 개입해줄 것을 요청했다. 1980년대 중반 UAW와 포드는 특정 수입이 미국 내 산업에 실질적 피해를 가했을 경우 그 수입을 제한할 수 있도록 규정한 통상법 제 201조를 근거로 일본 자동차에 대한 수입을 규제해줄 것을 무역위원회에 요청했다. 또한, 1981년에는 연방 상원의회에 일본 자동차 수입을 연간 160만 대로 제한하는 법안이 제출되었다.

이와 같은 강한 규제 요청과 압력으로 인해 일본정부는 수출자율규제Voluntary Export Restraints, VER를 실시함으로써 미국 의회의 수출 제한 입법 조치를 사전에 방지하고자 했다. VER에 따라 일본 자동차의 연간 대미 수출은 168만 대로 제한되었다. 이로 인해 도요타, 혼다, 닛산 등 일본 자동차 업체는 미국에 현지 공장을 설립해 직접 미국 시장 공략에 나섰다.

VER이 실시되자 미국 자동차 업계는 즉시 가격을 인상해 단기적으로 순이익률의 향상을 꾀할 수 있었다. 반면 일본 자동차 업체들은 VER을 계기로 수출에서 한 걸음 더 나아가 미국 현지에 직접 진출하기 시작했다. 게다가 현지 일본 공장은 미국 자동차 노동조합을 받아들이지 않았기 때문에 미국 자동차 업체보다 상대적으로 비용 부담을 줄일

[표 6-10] 미국 시장에서 외국 자동차 생산 점유율 변화

(단위: %)

구분	1970	1971	1972	1973	1974	1975	1976	1977	1978	1979	1980	1981	1982
유럽	10.5	9.0	7.6	9.0	9.0	8.9	5.6	6.3	5.9	5.6	5.4	5.8	5.4
일본	4.2	5.9	5.7	6.2	6.7	9.3	9.2	12.0	11.9	17.0	22.8	23.0	23.2
합계	14.7	14.9	13.3	15.2	15.7	18.2	14.8	18.3	17.8	22.6	28.2	28.8	28.6

자료: 한국자동차산업연구소 사이트 참조.

[그림 6-4] VER 시행 전후(1981~1994년) 미국 자동차 기업의 내수 점유율

(단위: %)

자료: Federal Reserve Bank of Philadelphia 사이트 참조.

수 있었다. 결과적으로 미국 자동차 업계의 내수 시장점유율은 단기간 소폭 상승에 그친 채, VER이 폐지된 1994년까지 다시 하락하게 되었다 ([그림 6-4] 참조).

결론

한국 자동차 산업이 1970년대부터 현재까지 약 40년간 일본을 추격할 수 있었던 데에는 다양한 요인이 존재하며, 이러한 요인들은 개별 기업의 뛰어난 경영 전략만으로는 설명이 불가하다. 본 연구는 그 외의 요인을 '기회의 창'이라는 렌즈를 통해 살펴보고자 노력했다.

한국은 일본보다 20~30년 뒤늦게 출발한 자동차 산업의 후발주자였지만 좀처럼 추격의 빌미를 제공해주지 않는 일본을 '빠르게' 추격하고자 애썼다. 앞서 살펴보았듯이 1980년대 북미 승용차 시장에서 생긴 틈새 수요와 1980년대 중·후반 유가, 환율, 미·일 관계 등 국제 정치경제 환경의 변화라는 기회의 창과 1970~80년대 기화식 엔진에서 전자제어식 엔진으로 바뀌는 기술 패러다임의 변화라는 기회의 창을 한국정부와 기업이 잘 포착·활용해 일본 자동차 산업을 추격하는 데 성공할 수 있었다.

한편, 오늘날 미국 자동차 산업의 위기는 여러 가지 문제점이 오랜 기간 누적되고 복합되어 작용한 결과로 여겨진다. 근본적으로 미국 자동차 기업들은 연구개발, 품질 개선 등의 노력을 기울이기보다는 대마불사의 믿음으로 자동차 산업의 정치적 속성을 이용해 미국 정부의 보호 아래 원가 절감에만 노력을 기울였다. 또한, 상용차라는 편중된 생산구조로 수요 환경 변화에 따른 위험을 상시적으로 안고 있었고, UAW

와의 협상에 따른 퇴직자 건강보험부담금 역시 미국 자동차 제조업체에 어려움으로 작용했다. 이와 같은 문제는 일본 같은 외국 자동차 기업의 성장, 국제 유가 변동 심화에 따라 보다 증폭되었다. 또한, 기업평균연비기준 향상, 수출자율규제와 같은 법·제도 개선이 오히려 미국 자동차 기업에 불리한 방향으로 수요를 변화시키고, 그들의 경쟁력을 약화시키는 결과를 낳게 되었다.

주

1 Lee and Ki(2014), Lee and Malerba(2014), Lee, Park and Krishnan(2014)을 참조.

2 미래에 큰 성장이 기대되는 신흥국을 지칭하는 용어로 골드만삭스가 최초로 사용했으며, 브라질Brazil, 러시아Russia, 인도India, 중국China을 통칭함(편저자의 주석).

3 연료가 완전 연소되기 위해서 이론상 필요한 공기와 연료의 중량비를 의미함(편저자의 주석).

4 CO(코발트), HC(탄화수소), NOx(질소산화물)의 3대 유해배출가스를 동시에 저감하는 촉매장치로 효과적으로 3대 유해 배출 가스를 저감하기 위해서는 이론공연비 근방에서 연소될 필요가 있음(편저자의 주석).

5 1980~1985년까지 1달러 환율은 230엔이었지만 1986~1989년까지 1달러 환율은 130엔으로 감소했음.

6 기화기가 흡기 매니폴드manifold 위에 설치되어 연료펌프에서 오는 연료를 운전 상태에 알맞도록 공기와 혼합·미립화해 흡기 다기관으로 보내주고, 이때 흡입밸브가 열리면 실린더로 공급되는 방식임.

7 각종 센서 및 스위치가 자동차 주행 상태에 따른 대기 온도, 대기압, 차량 속도, 운전자의 엑셀레이터 밟음 정도, 기관냉각수 온도, 배출 가스량, 기관작동 상태 등을 컴퓨터로 입력시켜 컴퓨터에서 점화시기 제어, 공전속도조정, 연료제어 분사해, 연비, 엔진효율, 주행성능을 향상시키고 유해 배출 가스를 줄여주기 위해 사용함.

8 1965년 새나라 자동차를 인수한 신진자동차공업이 1972년 미국의 GM Korea로 상호를 변경하고, 1976년 다시 새한자동차로 상호를 변경함. 한편, 1983년 대우자동차가 새한자동차의 지분을 인수하면서 상호를 대우자동차로 변경함.

9 특히 독자적인 경영권 유지가 어려웠음.

10 http://terms.naver.com/entry.nhn?docId=645179 참조.

참고문헌

고윤진(2001), "한국 자동차산업의 성장요인에 관한 연구", 경제학 석사학위 논문, 인천대학교 대학원.

권순원(2007), "전환점에 선 미국 자동차산업의 노사관계: 2007년 단체교섭을 중심으로", 『자동차경제』, 제 397호, 한국자동차산업연구소.

금속노조 정책연구원 산업정책연구팀(2009), "자동차 산업의 세계적 위기: GM을 중심으로", 금속노조 정책연구원.

김미연(1991), "일본의 주요자동차사와 현대자동차사의 EC지역에 대한 진출 전략의 비교분석", 경영학 석사학위 논문, 서강대학교 경영대학원.

김시윤, 김정렬, 김성훈(2000), 『정부와 기업』, 대영문화사.

김창철(2001), "한국과 일본 자동차산업의 기술과 하청거래에 관한 연구", 경제학 석사학위 논문,

동국대학교 대학원.

노상문(2004), "한국과 일본 자동차산업의 총 요소생산성 비교연구", 경제학 박사학위 논문, 경기
대학교 대학원.

모세준, 이인혁, 김유진(2009), "미국 자동차 빅3 생존가능성과 경쟁구도 변화 분석", 『산업연구시
리즈』, 제4호, 하나금융경영연구소.

이근(2007), 『동아시아와 기술추격의 경제학』, 박영사.

장병익(1994), "한일 자동차산업 정책에 대한 비교연구", 경제학 박사학위 논문, 동아대학교 대학
원.

정성주(2003), "현대자동차와 일본 자동차 기업들의 미국시장 확장전략에 대한 비교연구", 경영학
석사학위 논문, 한양대학교 경영대학원.

정하용(2011), "미국식 생산 세계화의 정치경제: 국제 경쟁의 심화와 미국 자동차 산업의 대응:",
『한국정치연구』, 제20권, 제2호, p279~308.

최홍봉(2009), "현대자동차의 기술추격 전략: 도요타 자동차와의 비교를 중심으로", 『지역사회연
구』, 제17권, 제1호, p121~143.

추연환, 정근해(2009), "자동차 연비를 높이는 두 가지 방법", 데스크 분석, 대우증권.

후지모토 다카히로 著, 박정규 譯(2004), 『모노즈쿠리』, 월간조선사.

Lee, Keun and Chaisung Lim(2001), "Technological Regimes, Catching-up and
Leapfrogging: Findings from the Korean Industries," Research Policy, Vol.30(3),
p459~483.

_____, and Franco Malerba(2014), "Toward a theory of catch-up cycles: Windows
of opportunity in the evolution of sectoral systems," Working paper.

_____, and Jee-hoon Ki(2014), "Successive Changes in Industrial Leadership and
Catch-Up by Latecomers in Steel Industry: The US-Japan-Korea," Working paper.

_____, Tae Young Park, and R. T Krishnan(2014), "Catching-up or Leapfrogging
in Indian It Service Sector: Windows of Opportunity, Path-Creating and Moving
up the Value-Chain in Tcs, Infosys, and Wipro," Development Policy Review,
July.

한국자동차산업연구소 http://kari.hyundai.com/Public/default.aspx.

Federal Reserve Bank of Philadelphia http://www.philadelphiafed.org /index.cfm.

7장

철도 산업에서의 주도권 이전: 최신기술 적용을 중심으로

유형세(기획재정부)

들어가며

한국에서 고속철도Korea Train eXpress, KTX를 도입하는 과정에서 프랑스의 TGV, 일본의 신칸센 등이 수주를 위해 경합했다. 당시 프랑스 미테랑 대통령이 방한하면서 프랑스 군에 의해 약탈되었던 외규장각 도서의 반환[1]을 약속했고, 이러한 프랑스의 공약이 경합에 긍정적으로 작용해 결국 프랑스가 KTX 도입 사업자로 선정되었다. 이처럼 문화유산 환수 계기가 될 정도로 철도는 단순한 교통 수단 이상의 중요한 산업이다.

증기기관으로 대표되는 산업혁명의 상징적인 산물인 철도는 전 세계의 시공간적 거리를 확연히 좁혀주는 역할을 했다. 비록 지금은 다른 교통수단의 발달로 인해 철도가 그리 중요하게 생각되지 않지만, 철도는 한 국가의 인적·물적 교류를 활성화시키는 국가 기반시설로 산업혁명과 국가 발전에 있어서 매우 중요한 역할을 했다. 우리나라의 근대사를 살펴보더라도 이러한 사실을 알 수 있는데, 주변 강대국들은 우리나라의 철도부설권을 두고 서로 경쟁을 했으며, 심지어 전쟁[2]을 일으키기도 했다. 따라서 국가 발전에 중요한 역할을 맡은 철도 산업의 주도권이 어느 국가에서 어느 국가로 넘어갔는지 살펴보는 것은 의미 있는 일일 것이다.

경쟁이 있는 곳이라면 선도자와 후발자가 존재하기 마련이다. 그리고 선도자는 다양한 이유로 후발자에 의해 추격을 당한다. 기업, 지역, 국가 등 다양한 차원에서 추격이 있을 수 있지만 이 중에서도 국가 간 추격은 국민들의 경제 및 소득 수준에 직접적으로 영향을 미친다는 점에서 관심을 끈다. 따라서 국가 발전 및 경제 성장에 중요한 영향을 미치는 철도 산업에서 국가 간 주도권 변화를 살펴보는 것은 의미 있는 일이며, 이는 본 연구의 주요 목적이기도 하다.

철도 산업은 일반적으로 수출이 이루어지지 않기 때문에 다른 산업처럼 세계시장점유율을 통해 주도권을 파악하는 것은 쉽지 않다. 또한, 총 철도 연장은 영토 면적에 의해 좌우되고, 총 이용객은 인구에 의해 좌우되기 때문에 이들 지표 또한 주도권을 파악하는 데 한계가 있다. 따라서 본 연구는 '당시 최신기술을 적용해 만든 철도'를 보유한 국가를 철도 산업에서 주도권을 확보한 것으로 간주하고자 한다. 다만 이러한 기준만으로는 부족한 측면이 존재하기 때문에 이에 더해 총 철도 연장과 총 이용객을 함께 고려하고자 한다.

철도의 개념은 매우 다양하게 정의될 수 있다. 사람들이 일반적으로 '기차'라고 부르는 것 외에도 다양한 형태의 철도가 역사적으로 존재해왔다. 예를 들면 역사적으로 철도의 기원이라고 여겨지는 것은 바로 광산에서 이용되던 수레였다. 1767년 11월 13일 영국 더비Derby 제철소의 주인 더비의 사위인 리처드 레이놀즈Richard Reynolds가 발명한 사다리 궤도와 탄차가 바로 철도의 기원으로 간주된다. 이후 산업혁명이 이루어지고, 이에 따라 원료 및 제품의 운송이 증대되었으나, 종래의 마차로는 이러한 운송 수요를 따라잡을 수 없게 되었다. 이를 해결하기 위해 철로를 깔고 그 위를 마차가 이동하는 방식으로 새로운 철도가 건설되었는데, 이 새로운 방식은 종래의 방식인 도로에서 마차가 운송하는 방식보다 열 배나 더 효율적이었다고 한다. 이후 증기기관이 발명되면서 현재의 기차와 유사한 형태의 철도가 비로소 탄생하게 되었다(서사범, 1999a, 8~18쪽).

본 연구에서는 이와 같은 철도의 역사적 기원을 바탕으로 철도란 '일정한 궤도를 건설하고 그 위로 차량을 두어 운전함으로써 여객과 화물을 운송하는 시설'로 정의하고자 한다.[3] 즉, 증기기관을 이용해 운행된 철도 이외에도 철로를 건설하고 이를 통해 사람 및 화물을 운송하는 것들은 모두 철도로 보고자 한다.

철도의 정의에서도 알 수 있듯이 철도의 주요한 특징은 다음 네 가지로 요약될 수 있다. 첫째, 운송 수단이다. 즉, 철도는 무언가를 운반하고자 하는 목적을 지니고 있다. 둘째, 궤도가 정해져 있다. 이는 다른 운송 수단과 가장 대비되는 특징으로 철도는 아무데로나 갈 수 있는 것이 아니라 미리 건설된 선로를 통해서만 움직일 수 있다. 셋째, 차량(하나의 기관에 딸려 있는 화물칸, 객실)의 수가 정해져 있다. 소량의 화물과 적은 승객을 자주 운반하는 것보다 대량의 화물과 많은 승객을 한 번에 운반해야 효율적이기 때문에 경제적 효율을 달성하기 위해 차량 수가 정해져 있다. 넷째, 운행 시간이 유동적이지 않다. 미리 정해진 차량의 수에 따라 화물·승객이 가득 찰 수 있도록 적절하게 운송시간표를 만든 뒤, 이에 따라 운행을 한다. 이상을 종합해보면, 철도는 운송 수단 중 하나이나, 다른 운송 수단에 비해 많은 제약이 따른다는 사실을 알 수 있다. 하지만 이와 같은 제약뿐 아니라 다른 운송 수단에 비해 가격이 저렴하고 시간이 정확하다는 장점도 갖고 있다. 이와 같은 철도의 특징은 후에 살펴보게 될 다른 운송 수단과의 경쟁에 있어서 중요한 요소로 작용하게 된다.

철도 산업에서 나타나는 추격상의 특징을 미리 살펴보면 다른 산업과 다른 몇 가지 요인들이 발견된다. 첫째, 국가 단위의 추격이 중심을 이룬다. 다른 산업에서는 민간기업 간 추격이 중심을 이루지만 철도 산업에서는 민간업체 간 추격이 적극적으로 나타나지 않는다. 물류 이동의 한 축을 담당하기 때문에 안정적 운행이 필요하다는 점, 민간에 의해 건설될 경우 노선이 중복될 우려가 있다는 점, 초기 선로 건설에 많은 투자가 필요하다는 점 등의 요인으로 인해 일반적으로 민간업체보다는 국가 단위의 추격이 이루어진다. 둘째, 철도 도입 시기에 집중적으로 추격이 이루어진다. 한 국가에서 어느 수준 이상으로 철도가 건설되면, 추가적으로 철도가 건설될 필요가 없으며 비용 문제로 인해 기존의 철도를 새로운 철도로 교체하기도 어렵다. 즉 시장 수요가 제한적이기 때문에 추격이 적극적으로 나타나지 않는다. 대신 철도를 건설하는 시기에는 신기술이 적용된 철도를 도입할 수 있기 때문에 이 시기에 집중적으로 추격이 이루어지게 된다.

결론적으로 철도 산업에서의 추격은 다른 산업과 달리 국가 수준에서, 철도 도입 시기에 중점적으로 나타나며 추격의 주요 요인은 기술개발과 시장 수요(국토 면적과 인구 밀도에 의해 결정됨) 두 가지로 좁혀질 수 있다. 앞으로 이에 대해 본격적으로 논의해보고자 한다.

```
┌─────────────────────────────┐
│                             │
│              최초의 기차      │
│               – 영국         │
│                             │
└─────────────────────────────┘
```

철도의 발명

최초의 철도는 앞서 언급한 대로 광산업에 쓰이던 수레였다. 사람이 끌던 수레가 말이 끄는 수레로 발전하고, 증기기관이 개발되면서 비로소 근대식 기차가 탄생하게 되었다. 증기기관은 1765년 제임스 와트James Watt에 의해 발명되었으며, 증기기관을 이용한 기차는 1804년 리차드 트레비식Richard Trevithick에 의해 발명되었다.

이후 1814년에 조지 스티븐슨George Stephenson이 증기기관차를 제작했고 이를 이용해 1825년에는 스톡톤Stockton과 다링톤Darlington을 잇는 43킬로미터의 공용철도가 건설되었다. 이 철도는 세계 최초의 철도라고 여겨진다. 이 철도의 궤간은 1,435밀리미터였으며, 기관차는 스티븐슨

이 제작한 '로코모션 호'로 90톤의 화물을 시속 16킬로미터로 주행했다. 이후 1830년에는 영국의 맨체스터와 리버풀을 잇는 50킬로미터 구간 철도가 개통되어 시속 27킬로미터의 속도로 운행되었으며, 이전에 비해 높아진 속도 덕분에 영국은 철도 전성시대를 맞는다(이용상 외 2인, 2009).

철도의 발전

1825년 스톡튼과 다링톤을 잇는 철도가 처음으로 개통된 이후 영국의 철도는 급격하게 발전한다. 리버풀–맨체스터 철도로 대표되는 초기 영국의 철도는 이후 급속도로 영국 전역에 퍼지게 되는 계기가 되며, 시간이 지남에 따라 영국의 철도 이용객 수 또한 급속도로 증가한다. 특히 지리적으로 가까운 유럽의 다른 국가들과 비교해볼 때 영국의 철도 산업 발전은 두드러지게 나타나며, 이는 영국이 철도 산업에 있어서 우월적인 지위를 가지고 있음을 보여준다.

1975년 영국철도위원회는 비주요 철도 노선을 폐지하거나 축소하고, 인력을 감축했는데, 이때 최종적으로 조정된 철도 연장이 17,702킬로미터라는 사실은 1800년대 영국의 철도가 얼마나 크게 성장했는지를 보여준다([표 7-1] 참조). 또한, 영국의 철도 이용자 수를 살펴보면 1850년 약 6,700만 명에 불과했으나, 1900년에는 11억1,400만 명으로 약 20배가 증가하게 된다([표 7-2] 참조). 이와 같은 사실 역시 당시 영국 철도 산업의 높은 성장을 증명해준다.

영국에서 철도가 급속도로 발전하게 된 주요 요인은 다음 두 가지로

[표 7-1] 각국의 철도 연장 비교

(단위: Km)

연도	영국	프랑스	벨기에	네덜란드	독일
1861	15,210	9,626	1,824	335	11,497
1870	21,558	15,544	2,897	1,419	18,876
1880	25,060	23,089	4,112	1,841	33,838

자료: Mitchell(1975), 이용상, 문대섭, 이희성(2009), 114쪽에서 재인용.

[표 7-2] 영국 철도 이용객의 증가 추이

연도	영업거리(마일)	철도여행자수(천명)	인구 1인당 여행횟수
1850	6,084	67,359	3.2
1860	9,069	153,452	6.6
1870	13,363	315,680	12.1
1880	15,563	586,626	19.8
1890	17,281	796,331	24.1
1900	18,672	1,114,627	30.1
1910	19,986	1,276,003	31.3

자료: Simmons(2009), 317쪽, 이용상, 문대섭, 이희성(2009), 109쪽에서 재인용.

볼 수 있다. 첫째, 영국에서 최초의 증기기관차가 발명되었다는 점이다. 최초의 철도가 영국에서 만들어졌기 때문에 영국은 철도 산업에 있어서 다른 국가들에 비해 우위에 있을 수밖에 없었다. 둘째, 영국의 철도에 대한 수요가 다른 국가에 비해 높은 수준이었다. 이는 영국의 빠른 산업화에 기인한다. 영국의 경우 유럽의 다른 국가(프랑스나 독일)에 비해 산업화가 일찍 이루어졌고, 그 결과 도시에 사람들이 많이 몰리게 되었다. 1861년 통계를 살펴보면 영국은 인구 10만 명 이상을 보유한 도시 점유율이 23.9퍼센트로 프랑스의 7.7퍼센트보다 월등히 높은 수치이다.

이 같이 산업화에 따른 도시 인구의 증가는 높은 철도 수요로 이어지게 되었다.

철도의 몰락 – 기술 버블

영국은 세계 최초로 철도가 건설된 나라임에도 불구하고 시간이 흐름에 따라 철도 산업에서 점점 주도권을 잃게 된다. 영국의 지위가 하락하게 된 원인은 두 가지 측면에서 살펴볼 수 있다. 첫째, '기술 버블Technology bubble 또는 Tech bubble' 때문이다. 이는 '기술'과 '거품'의 합성어로 새로운 기술이 개발된 후 그 기술에 과도한 투자가 이뤄지는 것을 의미한다. 영국의 경우 철도가 발명된 후, 정부가 아닌 민간 주도로 철도가 건설되면서 민간기업의 무차별적인 투자가 이뤄지게 되었다. 그들은 철도 산업에 대해 지나치게 낙관적인 기대를 갖고 너도 나도 철도를 건설했으며, 이는 노선중복으로 이어져 수익성의 악화를 낳게 되었다. 결국 시간이 흘러 거품이 꺼지면서 영국의 철도 산업은 몰락하게 되었다.

이러한 영국 철도 산업의 몰락의 과정을 수치를 통해 살펴보자. 1843년부터 1850년 사이 약 1억900만 파운드가 철도에 투자되었으며, 매년 투자액은 20퍼센트에 가까운 성장률을 보였다. 1847년 국민소득의 7퍼센트, 국내 투자의 60퍼센트가 철도에 대한 투자일 정도로 높은 투자율을 보여주었는데, 그렇게 된 주요 이유는 철도에 대한 투자 수익률이 매우 높았기 때문이다(1840년대 철도 투자 수익률은 약 10퍼센트에 달했다). 그러나 이후 높은 수익률은 급격히 감소하기 시작했고, 그에 따라 철도 투자 역시 1840년대 20퍼센트 증가율에서 1850년대와 1860년대에는 5퍼센트로, 1870년대와 1880년대에는 2퍼센트까지 하락하게 되었다. 철도 주식에 대한 배당금 역시 1846년 이후 급감해 1849년에는 1.88퍼센트의 배당 수익을 올리는 데 그치게 된다(Dougherty, 2007). 철도 연장을 살펴보면 1910년 영국의 총 철도 연장은 약 3만2,000킬로미터였던 반면 2011년 현재는 약 1만8,000킬로미터에 불과하다(이 수준은 1860년대 후반에 이미 달성된 것이다). 이러한 수치들은 당시 철도에 대한 투자가 얼마나 과도하게 이뤄졌는지를 보여준다.

결론적으로 철도 산업에 대한 낙관적인 기대와 민간 투자 허용, 그리고 초기의 높은 수익률로 인해 1800년대 중반 영국에서는 높은 수준의 투자가 이루어졌다고 볼 수 있다. 그리고 이러한 투자는 불필요한 노선, 수익률이 낮은 노선에 대한 투자로까지 이어져 결국에는 철도 산업 전체의 수익성이 낮아지는 결과를 초래하게 되었다. 결국 낮은 투자 수익으로 인해 민간기업이 하나 둘씩 철도 산업에서 빠져나가면서 영국의 철도 산업은 주도권을 잃게 된 것이다.

영국에서 철도 산업이 몰락하게 된 두 번째 이유는 바로 '수요 부족'이다. 영국의 총 국토 면적은 약 24만 제곱킬로미터로, 한반도의 총 면적이 약 22만 제곱킬로미터임을 감안하면 그리 넓지 않다는 것을 알 수 있다. 주변 국가인 독일의 경우 약 36만 제곱킬로미터이며 프랑스는 약 55만 제곱킬로미터라는 사실과 비교해도 영국의 국토 면적은 상대적으로 좁은 편이다. 일반적으로 국토 면적이 좁으면 건설이 필요한 철도의 길이가 줄어들고 더불어 철도를 이용하는 총 잠재 수요도 줄어든다. 영국의 빠른 도시화는 철도 도입 초기 높은 수요로 작용했으나 좁은 국토 면적은 더 이상의 투자가 일어나는 것을 제한하는 방향으로 작용하게 된 것이다. 이상의 이유로 인해 영국의 철도 산업은 성장에 한계를 겪고 내리막길을 걷게 되었다.

```
┌─────────────────────────┐
│                         │
│          철도 왕국        │
│          - 미국          │
│                         │
│                         │
└─────────────────────────┘
```

미국 철도 산업의 시작

미국은 19세기 영국에 이어 사상 최대의 철도 왕국을 건설하게 되는데, 그 시작은 보스턴에서였다. 1827년 볼티모어 앤드 오하이오 철도 Baltimore and Ohio Railroad, B&O회사가 보스턴에 설립되었고, 1832년 존 불 열차 John Bull Locomotive를 영국으로부터 수입 및 조립해 운행했다. 한편 1832년 뉴욕에서는 말이 끄는 형태의 운송 수단이 '도시철도urban railway'라는 이름으로 운행되었다.

 이 시기 미국의 철도 수준은 철도를 최초로 개발했던 영국과 비교해서 큰 격차가 있었던 것은 아니지만, 대도시 중심으로 철도가 운행되었지 대륙 전반까지는 확산되지 않아 철도가 대중적인 교통 및 운송 수단으로서의 역할은 하지 못한 상태였다. 즉 아직까지는 영국에 비해 철도 산업이 우위에 있었다고 평가하기 어렵다.

미국 철도 산업의 발전

미국의 철도 산업은 영국의 철도 산업이 주춤하던 1800년대 후반에 급속도로 발달했다. 특히 이 시기에 미국은 영국에서 건설되던 철도와 달리 기술적으로 보다 발달한 철도를 건설하게 되는데, 당시로서는 최신 기술이 적용된 철도라고 볼 수 있다. 그것은 바로 1856년 영국의 헨리 베서머Henry Bessemer가 발명한 '산성 전로 제강법'이라는 기술로서 기존 선철에서 고로를 사용해 공기를 주입하고 산화작용을 일으켜 불순물인 탄소 등을 제거해 훨씬 강도가 강한 강철을 만들 수 있었다. 그리고 같은 해 1856년에 영국의 지멘스Siemens에 의해 노상이 평평한 평로의 특허(평로법)가 출원된다. 이 두 기술은 보다 많은 무게를 버틸 수 있는 철로를 건설하는 데 도움을 주었고, 미국 전역을 연결하는 철도가 도입되는 데 중요한 역할을 했다(서사범, 1999b, 7~8쪽). 당시 영국은 철도가 이미 너무 많이 건설되었기 때문에 위와 같은 신기술이 개발되었음에도 불구하고 적용 가능한 철도가 많지 않았다. 그러나 미국은 철도가 본격적으로 건설되기 이전이었기 때문에 신기술이 본격적으로 철도 산업에 발전하는 데 큰 도움을 줄 수 있었다.

위와 같이 새로운 철도 기술의 등장이 미국의 철도 산업 진입 시기와 맞아 떨어지면서 미국 철도 산업 발달에 중요한 역할을 했지만 이밖에도 미국 철도 산업 발달에 영향을 미친 다른 요인들이 있다. 첫째, 미국의 넓은 국토이다. 미국의 영토는 약 983만 제곱킬로미터로 영국 등 유럽의 다른 국가에 비해 월등하게 넓은 면적을 자랑한다. 게다가 당시 이 광활한 국토를 연결할 필요성이 대두되면서 미국의 철도 산업은 날로 부흥하게 되었다. 1800년대 후반은 미국의 '개척 시대'로 동부의 산업지대, 중부의 곡창지대, 서부의 골드러시gold rush, 로키산맥 주변의 삼림지대를 서로 연결할 필요성이 높아졌다. 게다가 세계 각지로부터 철도 건설에 필요한 노동력이 유입되어 광대한 규모의 철도 건설을 가능하게 만들기도 했다.

둘째, 도시 내 전차의 발전이다. 1879년 독일 베를린의 공업박람회에서 지멘스가 최초로 전기기관차를 운행했으며, 1881년 독일 베를린 교외에서 전기기관차가 공식적으로 운영되었다. 전기철도는 도시 근교 철도로 발달했고, 1898년 보스턴에는 약 2,600대의 전차가 운행되었다고 한다. 또한, 1차 세계대전 동안 석탄 부족은 철도의 전철화를 촉진시키는 역할을 하기도 했다. 이후 전차, 마차, 행인, 짐꾼 등으로 인해 지상교통이 엄청나게 혼란스러워지자 미국은 세계 최초로 지하철이라는 것을 만들었다. 다시 말해, 미국 북동부 도심의 발달로 인한 도시 내 전차, 지하철의 발달은 미국의 철도 산업이 발전하는 데 한 축이 되었다.

셋째, 미국의 풍부한 석유자원이다. 1910년경 독일에서 디젤 전기기관차가 개발되어 1932년 이후 전 세계로 보급되었는데, 미국은 석유자원이 풍부했기 때문에 이러한 기술개발의 수혜를 받아 철도 산업에서 발전을 꾀할 수 있었다(서사범, 1999a, 14~18쪽). 새로운 기술이 적용될 수 있는 자연적 환경을 갖추고 있었던 것이다.

이상의 이유로 인해 미국의 철도 산업은 급속히 발전할 수 있었다. 1850년에는 약 3만 킬로미터의 철도가 건설되었고, 1869년에는 미국의 동부와 서부를 연결하는 대륙횡단철도가 건설되었다. 미국의 철도는 1900년대 초반까지 급속도로 발전했고, 미국 전체 GDP의 40퍼센트를 차지할 만큼 큰 경제적 파급효과를 가져오게 되었다. 1800년대 후반부터 1900년대 전반까지 미국은 전 세계 철도 산업에서 가장 큰 비중을 차지했다고도 볼 수 있다.

영국의 경우 좁은 국토와 이로 인한 수요 감소가 철도 산업을 쇠락하게 한 원인이었던 반면 미국은 역설적이게도 지나치게 넓은 국토와 이로 인한 수요 감소가 쇠락의 원인이 되었다. 얼핏 생각해보면 넓은 국토는 철도를 건설하는 데 있어서 장점이지 단점은 되지 않을 것으로 보인다. 그러나 단위 면적당 인구 밀도가 상대적으로 낮다면 넓은 영토는 오히려 철도 산업을 쇠락하게 할 수도 있다. 왜 그런 것일까? 그 이유에 대해서 설명해보자면 다음과 같다.

미국의 국토 면적은 약 983만 제곱킬로미터이며, 미국 인구통계국에 따르면 1900년의 미국 인구는 7,500만 명이었다. 반면 영국의 국토 면적은 24만 제곱킬로미터이며 1900년의 인구는 약 3,700만 명이었다(이용상 외 2인, 2009, 109쪽). 단순히 인구를 국토 면적으로 나누어보면, 미국은 약 7.63의 값을 갖는 반면, 영국은 약 154의 값을 갖는다. 즉, 영국의 인구 밀도가 미국의 인구 밀도의 약 20배에 달한다는 것이다.

일반적으로 인구 밀도가 낮은 지역은 철도 건설이 어렵다. 그 이유는 철도는 정해진 구간만을 반복해서 운행하기 때문이다. 철도는 정해진 선로만 이동할 수 있으므로 도시와 같이 두 지역을 오가는 충분한 인구가 있어야만 경제적 효율성을 갖추게 된다. 반면 인구 밀도가 낮아 사람들이 여러 지역에 뿔뿔이 흩어져 있는 경우에는 선로를 만들 필요가 없는 자동차를 장려하는 게 더 합리적이다.

또한 지나치게 광활한 영토는 비행기가 등장함에 따라 철도 산업을 위축시키는 요인으로 작용하게 된다. 비행기가 없을 때는 넓은 영토를 이동하기 위해 철도를 선택할 수밖에 없으므로 철도가 발전했다. 하지만 비행기가 등장한 후에는 사람들이 장거리 이동을 위해 기차보다 비행기를 선택했으므로 철도에 대한 수요와 관심이 줄어들게 되었다. 즉, 기차로 이동하기에는 지나치게 넓은 영토가 오히려 철도 산업에는 부정적으로 작용하게 된 것이다.

이와 같은 이유로 철도 산업이 위축되었지만, 몇몇 도심에서는 여전히 철도가 중요한 교통 수단의 하나로 활용되고 있다. 보스턴이나 맨해튼과 같은 도심에서는 100년도 더 된 지하철이 여전히 시민들의 발 역할을 하고 있는 것이다. 이러한 현상 역시 인구 밀도의 개념으로 설명이 가능하다. 인구 밀도가 높은 이들 도심의 경우 충분한 철도 운행 수익이 발생되기 때문에 지금까지도 운행이 가능한 것이다. 예를 들어 보스턴은 2005년 기준으로 국토 면적이 122제곱킬로미터이며, 인구는 약 62만 명이고, 맨해튼은 2007년 기준으로 국토 면적이 87.5제곱킬로미터이며, 인구는 약 161만 명이다. 이들 지역의 인구 밀도를 구해보면 앞서 구했던 영국의 인구 밀도보다 50배 내지 150배가량 높게 나타난다.

이를 정리해보면 미국의 낮은 인구 밀도, 지나치게 넓은 국토는 각각 자동차, 비행기라는 대체수단의 발전을 야기함으로써 철도 산업이 발전하는 것을 가로막았다고 볼 수 있다. 이와 같은 미국 철도 산업의 지위

[표 7-3] 미국의 교통 투자

(단위: 억$)

시기	고속도로	공항	철도
1978	2,160	150.8	10.3
1998	1,500	570	10

자료: 니카르도 리콜리(2007).

하락은 미국의 교통 수단에 대한 예산 지출에서도 잘 드러나고 있다. [표 7-3]에서 보듯이 철도에 대한 투자는 적은 반면, 대체교통수단인 자동차와 비행기의 기반 시설에 대한 투자는 매우 높은 수준임을 알 수 있다.

일본에서의 철도의 시작

일본에서 철도 도입은 메이지 유신 이후인 1872년에 이루어졌다. 국가 중심의 근대화를 이루고자 하는 과정에서 철도가 건설되었으며, 정부의 힘만으로는 부족해 민간 철도도 함께 건설되었다. 이후 1885년과 1892년 사이, 1894년과 1897년 사이 두 번의 철도 건설 붐이 있었다. 당시 일본의 철도는 근대화의 목적과 함께 군사적 목적도 가지고 있었던 것으로 산업의 발달뿐만 아니라 한국과 중국을 침략하기 위한 기반 시설의 역할도 했었다.

일본의 국토 면적은 약 38만 제곱킬로미터로 미국에 비하면 매우 협소하며 영국과 미국에 비해 철도가 도입된 시기 또한 늦었다. 게다가

2차 세계대전 이후 철도 산업이 크게 위축되는 바람에 일본은 철도를 도입한 후 한참 동안 미국 철도 산업을 추격하지 못했다.

일본의 고속철도 개발

일본이 철도 산업에서 우위에 서게 된 것은 다름 아닌 고속철도의 개발 덕분이다. 1964년 10월 일본에서는 세계 최초의 고속철도[4]인 신칸센新 幹線이 개통되었다. 도쿄부터 오사카를 잇는 515.4킬로미터의 구간을 평 균 시속 200킬로미터 이상으로 달리는 철도가 개통된 것이다. 세계 두 번째와 세 번째 고속철도 개통이 각각 1981년과 1991년에 이루어졌다는 사실에 비추어볼 때 매우 일찍 고속철도가 개통된 것이라고 볼 수 있다.

일본의 철도 산업 발전

일본은 다른 국가에 비해 가장 빨리 고속철도를 개통했고, 고속철도(신 선新線 기준) 연장이 세계에서 가장 길며, 고속철도 여객수송량은 세계 1위 이다([표 7-4] 참조). 일본은 단순히 고속철도만 세계적으로 앞서고 있는 것 이 아니라 일반철도에서도 수송 밀도와 교통 분담률 측면에서 세계 1위 를 차지하고 있다.

　이와 같이 일본의 철도 산업이 발달하게 된 이유는 크게 두 가지로 나누어볼 수 있다. 첫째는 고속철도 기술이 다른 국가들에 비해 압도적

[표 7-4] 각국의 고속철도 수송량 비교 (2004년)

	영업거리 (km)	수송인원 (억인)	영업인·km (억인·km)	수송밀도 (인·km/영업km·일)
EU	197,544	641	3,349	4,645
일본	20,020	86.4	2,412	33,002
프랑스	31,986	8.9	722	6,184
독일	35,593	16.8	696	5,353
한국(2005)	3,371	9.2	284	23,081

자료: 강태원(2006).

으로 일찍 개발되어 다른 국가들이 추격하기 힘든 격차를 만들었기 때문이고, 둘째는 일본의 좁은 국토와 높은 인구 밀도 때문이다. 고속철도 개통은 프랑스에 비해 무려 17년이나 앞섰기 때문에 별다른 설명이 불필요할 것이다. 일본의 국토 면적과 인구 밀도가 어떤 방식으로 철도 산업의 발전에 영향을 미쳤는지 살펴보도록 하자.

일본의 경우 국토 면적이 약 38만 제곱킬로미터로 그리 크지 않다. 물론 한국이나 영국에 비해서는 크지만 미국과 비교한다면 터무니없이 작다고 하겠다. 이 정도의 국토 면적이라면 비행기와 고속철도 사이에 큰 차이가 발생하지 않는다. 고속철도의 속도를 약 200킬로미터/h로, 비행기의 속도를 약 900킬로미터/h로 가정하고, 비행기 수송 시간과 공항으로의 이동 시간 등을 고려해 계산을 해본다면, 미국은 약 1주일 정도의 도착일 차이가 발생할 수 있겠지만 일본은 기껏해야 2~3시간밖에 차이가 나지 않는다(예: 도쿄–오사카 간 거리). 따라서 일본의 국토 면적 크기는 철도가 발달하는 데 좋은 조건을 제공했다고 볼 수 있다. 또한, 일본의 인구 밀도는 337명/제곱킬로미터로 앞에서 살펴보았던 영국의 경우(154명/제곱킬로미터)보다도 훨씬 높다. 이러한 높은 인구 밀도 덕분에 일본은 각 지역마다 철도를 유지하고 운행하는 데 필요한 수익을 충분히 낼 수 있을 만큼의 철도 수요를 갖출 수 있게 되었다.

중국의 등장

현재 일본은 철도 산업에서 우위를 점하고 있다고 볼 수 있으나, 최근 중국의 성장으로 인해 그 지위를 위협받고 있다. 일본의 철도 산업은 여전히 건재하고 최신기술에 있어서 우월한 지위를 갖고 있으나 후발주자의 급속한 성장으로 인해 철도 산업의 우위를 빼앗길 우려에 처해 있다. 이는 앞서 영국과 미국에서 철도 산업이 국내 요인에 의해 정체되고 추격을 당한 것과 대비된다. 다음은 철도 산업의 잠재적 미래 주자로 간주되고 있는 중국의 성장 가능성에 대해 살펴보도록 하겠다.

중국 철도의 발전 가능성

중국은 약 960만 제곱킬로미터의 매우 광활한 영토를 갖고 있을 뿐만 아니라 넓은 국토 면적에 비해 인구 밀도 또한 약 135명/제곱킬로미터로 비교적 높은 편이며, 인구 50만 이상에 해당하는 도시가 97개나 된다. 이와 같은 수치는 중국의 철도 산업이 발전하는 데 매우 유리한 기본 조건을 확보하고 있다고 할 수 있다.

우선 넓은 영토는 초기 미국처럼 철도를 건설할 필요성이 매우 높은 상황을 제공한다. 다음으로 높은 인구 밀도는 가까운 지역으로의 이동 수요를 높여주고, 도시 내부의 지역철도의 수요를 높여줌으로써 철도의 발전 가능성을 높게 한다. 게다가 인구 50만 명 이상 되는 도시 수가 97개에 이른다는 것은 이들 도시 간 연결을 위해 철도를 건설했을 때 충분한 수익을 보장해주는 잠재적 노선이 그만큼 많다는 것을 의미한다.

중국의 철도 산업 발전의 일례로 최근 건설된 '칭짱 철도靑藏鐵路, Qinghai-Tibet Railway'를 들 수 있다. '칭짱 철도'는 중국 내륙 골무드Golmud에서 서남단 라사Lhasa를 연결하는 총 길이 1,140킬로미터의 철도이다. 2001년 3월 5일 제9회 전국인민대표대회 4차 회의에서 건설이 결정되어 2006년 7월 1일 개통되었다(Abrahm Lustgarten, 2009). 또한, 중국정부의 철도 건설 계획을 살펴보면 중국의 철도 건설은 꿈이 아닌 현실이다. 고속철도의 경우 대륙을 각각 네 개의 종단과 횡단으로 연결하는 '사종사횡四縱四橫'을 2020년까지 모두 건설할 계획을 갖고 있으며, 예상되는 투입 비용은 3조 위안(약 510조 원)이고, 총 길이는 1만6,000킬로미터가 될 것이다(Abrahm Lustgarten, 2009).

철도 산업에 있어 성공적인 추격의 주요 요인은 신기술 개발, 철도 건설 시기, 국토 면적, 인구 밀도라고 할 수 있는데, 국토 면적과 인구 밀도 측면에서 중국은 좋은 요건을 가지고 있다고 보인다. 또 다른 추격의 주요 요인인 기술개발에 있어서는 중국의 수준이 어떤지 다음에서 살펴보도록 하자.

기술이전을 통한 중국 철도 산업의 성장

중국의 시장 규모는 인구와 비례해 매우 크다고 판단되기 때문에 세계 각국 기업들은 너도 나도 할 것 없이 중국에 진출하고자 한다. 그리고 중국은 이들 외국기업의 중국 진출 욕구를 충족시켜주는 대신에 관련 기술을 제공할 것을 조건으로 내세우고 있다. 특히 신기술이 적용되는 사업의 경우 이러한 경향은 더욱 심해진다. 중국은 핵심 산업에 있어서 외국기업이 중국기업과 합작을 통해서만 진입할 수 있도록 제한하고 있는데 이러한 정책 또한 기술을 이전받아 자국의 산업을 진흥시키려는 노력으로 이해할 수 있을 것이다.

철도 산업에 있어서도 이와 같은 경향은 그대로 적용되는데 이러한 노력을 추격의 측면에서 살펴보면 중국정부가 철도 산업에서 새로운 기회의 창을 창조하려는 것으로 해석할 수 있다. 즉, 자국 철도 산업에 대한 진입을 조건으로 외국의 기술을 자국기업에 이전시켜줌으로써 자국의 후발기업들이 외국의 선도자들을 추격할 수 있는 발판을 마련해주는 것이다.

대표적인 사례는 다음과 같다.[5] 중국철로고속China Railway High-speed, CRH 중 CRH2는 일본의 신칸센을 모델로 만들어졌다. 중국 측이 계약한 신칸센의 편성 수는 60대로 그중 3대는 일본에서 제조되어 완성품 형태로 중국에 인도되었고, 6대는 부품 형태로 전달되어 중국에서 조립되었다. 그리고 나머지 51대는 중국의 쓰팡 기차공장에서 라이센스 제조되었다. 또한, CRH3는 독일의 이체ICE를 모델로 만들어졌다. 총 100대로 편성되어 있는데, 60대는 ICE3형을 기반으로 현지 기업과 합작으로 납입했고, 3대는 독일 순정형식으로 납품되었다. 그리고 나머지는 기술 이전을 통해 중국업체인 베이차탕샨北車唐山이 제조하도록 했다. CRH5는 프랑스의 떼제베TGV를 모델로 만들었는데 중국 측이 계약한 차량 수는 총 60대였다. 3대는 이탈리아에서 제조되어 완성품 형태로 중국에 인도되었고, 6대는 부품 형태로 중국 측에 인도되어 조립되었다. 그리고 나머지 51대는 창춘궤도객차주식회사長春軌道客车股份有限公司가 제조했다.

중국 철도 산업의 미래

이상의 사례에서 볼 수 있듯이 중국은 철도 산업 추격에 있어 가장 큰 문제라고 여겨지는 기술적 문제도 정부 중심으로 해결하고 있다. 세계 각국의 고속철도를 수입하면서 기술을 얻어내고, 이를 자체적으로 개발해 더욱 앞서나가려고 한다. 현재 중국은 선진국가로부터 얻어낸 고속철도 기술을 바탕으로 자체 개발에 성공해 수출하는 단계에까지 이르렀다.[6] 이처럼, 중국은 기술적인 면에서도 세계적인 국가가 되어가고 있기 때문에 향후 중국 철도 산업은 더욱 성장할 것으로 전망된다.

결론

본 연구는 국가의 주요 기반시설 중 하나인 철도 산업에서 세계적 주도권 변화를 살펴보고자 하는 목적을 가지고 출발했다. 이 목적을 달성하기 위해 철도를 최초로 건설했던 영국에서 시작해 미국, 일본, 중국의 순으로 리더십이 이전하게 된 주요 원인을 살펴보았다. 영국의 경우 신기술 발명, 빠른 도시화를 통해 주도권을 확보했으나 과도한 투자 및 국토 면적의 한계로 인해 미국에 추월당했다. 미국은 신기술 도입, 광활한 국토를 바탕으로 영국을 추월했으나 다른 교통수단의 발달로 인해 주도권을 잃게 되었다. 일본은 높은 인구 밀도를 바탕으로 고속철도라는 기술 패러다임 변화에 적극적으로 대응해 철도 산업에서 앞서나갔으나 중국이라는 후발주자에 추월이 우려되고 있다. 중국은 정부 정책을 통해 신기술을 확보하며 철도 산업에서의 패권을 차지하기 위해 노력중이다. 이와 같은 조사를 통해 우리가 알 수 있었던 것은 추격의 과정에서 후발자에게 열리는 기회의 창으로 기술 패러다임의 변화와 국가별 시장 수요가 큰 역할을 했다는 사실이다. 거기에 더해 중국의 사례에서 대표적으로 나타나듯이 기술 패러다임의 변화를 수용할 수 있는 정부의 역량 또한 성공적인 추격에 중요한 요인으로 작용했음을 알 수 있었다. 즉, 영국을 비롯해서 미국, 일본, 중국이 변화된 기술을 수용할 능력이 부족했다면, 국토 면적 및 인구 밀도가 철도 이용에 적합하고, 신

기술을 보유했다 하더라도 추격을 성공적으로 달성하지는 못했을 것이다. 영국, 미국, 일본, 중국과 유사한 조건과 환경을 갖추고 있는 국가들이 존재함에도 불구하고 이들 국가에서 철도 산업이 발달하지 못한 이유는 바로 이들 국가의 예측 및 적응력이 부족했기 때문일 것이다. 따라서 우리는 철도 산업에서의 추격을 통해 개별국가가 갖는 역량 또한 사회·지리·경제적 환경 못지않게 중요하다는 사실을 배울 수 있었다.

주

1 1781년 정조가 강화도에 외규장각을 설치해 왕실 관계 서적 1,000여 종, 6,000권 가량을 보관했었으나, 1866년 병인양요 때 프랑스군에 의해 외규장각 의궤를 포함한 일부 서적이 약탈되고 나머지는 소실되었음. 이후 1999년 한국과 프랑스 정부 간 반환 협상이 시작되었고, 미테랑 전 프랑스 대통령이 한국 고속철도 수주와 관련해서 2001년까지 외규장각 고문서를 반환하겠다고 약속했으나 지지부진했었음. 그러다가 2010년 3월 한국정부는 약탈도서에 대한 영구대여 방식을 프랑스 정부에 공식 요청했고, 이에 대해 11월 프랑스 사르코지 대통령이 5년 단위 갱신의 대여방식으로 반환에 합의했음. 이에 따라 2011년 4월부터 약탈해간 294권의 조선왕실 의궤를 포함한 전체 297권의 외규장각 도서가 네 차례에 걸쳐 국내로 돌아오게 되었음(편저자의 주석).

2 1904년 일본군의 여순항 기습으로 시작된 러일전쟁은 만주지역의 동청철도東淸鐵道 부설권 등 동아시아 패권을 얻기 위한 전쟁으로, 전쟁이 발발하기 전까지 우리나라 경의선 부설권은 러시아에 있었으나 전쟁발발과 함께 일본의 군용철도감부로 강제 이전됨.

3 http://dev.naver.com/openapi/apis/search/encyc 참조.

4 고속철도는 구선舊線에서는 시속 200킬로미터 이상으로 달리는 철도를, 신선新線에서는 시속 250킬로미터 이상의 속도를 내는 철도를 의미함. 구선은 기존의 철로를 그대로 이용하되, 차량만 고속철도인 것을 의미하며, 신선은 철로와 차량 모두 새로 개발된 것을 사용하는 경우를 의미함.

5 http://www.naver.com 참조.

6 《한국경제신문》, "중국 기술로 미국 고속鐵 깐다", 2010년 2월 17일자.

참고문헌

강태원(2006), 「고속철도차량시스템의 기술이전을 통한 철도 산업 발전방안」, 석사학위논문, 서울과학기술대학교.

니카르도 리콜리 著, 유자화 譯/임상민 감수(2007), 『비행기의 역사』, 예담.

서사범(1999a), "레일을 중심으로 한 철도의 기원 및 발전과정(I)", 『한국철도학회지』, Vol. 2(3).

서사범(1999b), "레일을 중심으로 한 철도의 기원 및 발전과정(II)", 『한국철도학회지』, Vol.2(4).

아브라함 루스트가르텐 著, 한정은 譯(2009), 『중국의 거대한 기차』, 에버리치홀딩스

이용상, 문대섭, 이희성(2009), 『유럽 철도의 역사와 발전』, 북갤러리.

Dougherty, Carolyn(2007), "The fall and rise of the British railway industry(1847~1900)", Interdisciplinary Nineteenth Century Studies Conference in Kansas City.

Mitchell, R. Brian(1975), 『European Historical Statistics:1750~1970』, The Macmillan Press.

Simmons, Jack(1991), 『The Victorian Railway』, Thames and Hudson.

《한국경제신문》, "중국 기술로 미국 고속鐵 깐다", 2010년 2월 17일자.

American Rails 홈페이지 http://www.american-rails.com.

네이버 백과사전 http://www.naver.com.

네이버 블로그 http://blog.naver.com/panzer1234/40128424502.

8장

제약 산업에서의
주도권 이전

김지나(보건복지부)

들어가며

제약 산업은 19세기 중반 이래로 꾸준히 발전해왔으며, 주요 선진국들의 핵심 산업으로 떠오르고 있다. 150여 년의 역사를 보유한 제약 산업은 몇 번의 제도적·기술적 충격들이 있었으며, 그로 인해 산업 내 주도권이 이전하는 현상들이 나타났다. 산업 내 주도권 이전과 추격을 다루는 데 있어서 제약 산업이 흥미로운 이유는 주도권 이전 시점과 형태가 비교적 분명하고, 그러면서도 주도권 이전 요인이 일반 제조업과는 매우 다른 특성을 보이고 있기 때문이다.

본 연구는 이처럼 흥미로운 제약 산업의 주도권 이전과 추격을 20세기 중반 이후부터 현재까지 통시적으로 살펴보고자 한다. 이와 같은 고찰을 통해 우리가 예상할 수 있는 결과는 세 가지로 요약될 수 있다. 첫째, 세계 제약 산업은 두 번의 주목할 만한 주도권 이전이 있었는데, 처음은 20세기 후반 유럽에서 미국으로의 이전이고, 다음은 최근에 발생하고 있는 인도와 중국으로의 이전이다. 둘째, 제약 산업의 주도권이 유럽에서 미국으로 이전될 당시 미국이라는 후발자에게 '기회의 창' 역할을 했던 것은 1980년대의 분자생물학의 혁명, 미국 정부의 의약품 승인 제도의 변화, 미국 정부의 연구개발 지원 정책이었다. 셋째, 제약 산업의 주도권이 중국과 인도로 이전되는 상황에서 후발자들에게 열렸던 '기회의 창'은 충분한 내수 시장과 정부의 특허권 정책이었다.

본 연구는 크게 네 부분으로 구성된다. 먼저 제약 산업이 일반 제조업과 어떻게 다른지 주요 특징을 살펴보고, 그다음 제약 산업에서 발생된 두 번의 주도권 이전과 추격 요인을 자세히 분석했으며, 마지막으로 본 연구를 통해 알게 된 내용을 결론으로 마무리하고자 한다.

제약 산업은 일반 제조업과는 매우 다른 특징을 가지고 있는데, 아래와 같이 네 가지로 요약될 수 있다.

첫째, 일반 제조업은 제품의 생산 과정에서 많은 비용과 기술이 필요한 반면 제약 산업은 생산 과정보다는 새로운 약을 발명하기 위한 R&D와 R&D 방법을 발견하는 과정에서 오랜 시간과 비용이 소요된다. 미국 제조업의 경우 평균 매출액 대비 R&D 비중은 4퍼센트인데 비해 미국 제약 산업은 12퍼센트로 매우 기술집약적임을 알 수 있다(김석관, 2004). 또한, 제약 산업은 생리학, 약리학, 효소학 같은 기초과학과 밀접한 관련을 갖고 있어 이들 학문의 패러다임이 변하거나, 새로운 기술이 발견되거나, 새로운 R&D 방법이 등장하는 경우 제약 산업 발전에 큰 영향을 미친다.

둘째, 제약 산업은 다른 산업에 비해 R&D 비중이 매우 높기 때문에 비용 회수를 위해서는 내수 시장 이외 세계 시장을 대상으로 한 수출이 필수적이다. 이러한 이유 때문에 제약 산업의 리더들은 대부분 글로벌 기업이다. 따라서 내수 시장에서만 활동하는 기업들은 추격에 한계를 보이게 된다.

셋째, 제약 산업은 신약을 개발하는 데 시간과 비용이 많이 소모되는 반면 개발된 신약을 후발자가 모방하기는 매우 쉬운 구조를 가지고 있다. 따라서 지속적으로 신약이 개발되도록 하기 위해서는 선발자의 신약 개발(혁신)에 대해 특허를 통한 지적재산권Intellectual Property Right, IPR을 보장해줄 필요가 있다. 이러한 이유로 제약 산업은 다른 산업에 비해 특허권 제도 변화에 영향을 많이 받게 되는데, 그 예로 개발된 신약을 독점할 수 있는 기간 및 복제품 생산에 관한 정책 변화를 들 수 있겠다.

넷째, 제약 산업은 정부의 지원 정책이 특히 중요한 산업이다. 철강, 조선, 반도체 같은 제조 산업은 초기 설비 비용이 막대하게 소요하는 장치 산업 또는 자본집약적 산업으로 정부의 재정 지원 정책이 매우 중요했다. 제약 산업 역시 R&D 초기에 엄청난 비용이 듦에도 불구하고 성공하리라는 보장도 없으며, 특허권 같은 제도 변화에 민감하게 영향을 받는다. 따라서 제약 산업에서는 R&D 비용 지원 또는 혁신의 동기부여를 높일 수 있는 특허권 제도의 조정과 같은 정부의 역할이 중요하다.

위와 같은 제약 산업의 고유한 특징들로 인해서 후발자에게 추격의 기회를 제공해주는 기회의 창 중에서도 '기술·지식 패러다임의 변화'와 '정부 정책 및 제도의 변화'가 특별히 중요하게 작용될 것으로 예상된다.

유럽에서 미국으로의 주도권 이전과 추격 요인 분석

유럽이 주도권을 잡던 시대의 제약 산업 현황

현대적인 제약 산업은 19세기 중반에 유럽 대륙에서 시작되었다. 당시 독일과 스위스에서는 합성염료 산업이 태동했는데, 여기에 쓰이는 염료 물질들 중 일부가 질병 치료에 효과가 있다는 것이 우연히 발견되면서 제약 산업이 등장했다. 이 시기는 유럽 제약업체들이 주도권을 쥐고 있었는데, 그 예로 독일이 세계 제약 산출물의 80퍼센트를 생산하고 있었으며, 유럽 기반의 대기업들이 세계 제약 시장의 상위권을 석권하고 있었다(Malerba and Orsenigo, 2002). 미국과 영국은 19세기 후반에야 겨우 제약 산업에 진출하기 시작했으며, 유럽과 같은 대기업이 아니라 주로 소수 의약품에 특화된 소규모 기업이었다. 즉, 유럽이 제약 산업의 주도권을 갖고 선발자의 위치를 차지하게 된 것은 합성염료산업 발전의 부수적인 결과로서 의도하지 않은 우연의 결과로 볼 수 있다.

19세기 중반부터 20세기 중반까지 약 100여 년의 기간은 우연의 요소가 제약 산업에 큰 영향을 미쳤다. 그 시기에는 천연식물 혹은 유기화합물을 통해 신약을 제조했고, 그에 따라 부작용도 빈번히 일어났지만, 체계적으로 통제할 수 있는 기술과 지식이 부족했다. 그러던 중 1차, 2차 세계대전을 겪으면서 많은 질병과 부상이 출현했고, 이를 치료하기 위한 효과적인 의약품의 수요가 급증했다. 바로 이러한 수요의 변화는 후발자로 하여금 세계 제약 산업에 진입 및 성장할 수 있는 토대를 마련하게 했다.

20세기 중·후반 미국 제약 산업에서 기회의 창

무작위 검색의 등장과 케파우버-해리스 수정안의 입안

제약 산업의 주도권이 유럽에서 미국으로 이전될 때 우리는 세 시기로 구분할 수 있는데(McKelvey and Orsenigo, 2001), 1기는 19세기 중반부터 20세기 중반까지이고, 2기는 2차 세계대전 직후부터 1980년대 초반까지로 미국의 본격적인 추격이 시작된 시기이며, 3기는 1980년부터 20세기 말까지로 미국이 제약 산업의 주도권을 획득한 시기이다.

제약 산업에서 미국이 본격적으로 추격을 시작하던 제 2기는 2차 세계대전 발발로 의약품의 수요가 증가하고, 미국정부가 R&D 투자를 대폭 증대시키던 때였다. 즉, 미국 제약 산업이 생산 중심 체제에서 R&D 중심 체제로 변화한 것이다. 정부의 재정 지원을 통해 신규기업들이 제약 산업에 많이 진출할 수 있었으며, 이러한 요인은 후발자에게 중요한 '기회의 창'이 되었다. 전쟁 중 페니실린 개발에 미국정부가 집중 투자한 것이 이러한 전환의 효시였고, '무작위 검색Random screening'[1]이라는 연구 방법이 새롭게 개발되면서 전체적으로 미국 제약 산업이 발전하게 되었다.

또한, 미국은 1962년 케파우버-해리스 수정안Kefauver-Harris Amendment을 입안하는데, 이 수정안은 제품 승인에 있어서 신약의 효과성을 적절한 방법으로 증명해야만 승인을 얻을 수 있도록 규제를 가한 법이다. 미국은 제품의 승인을 엄격하게 하는 대신 승인된 제품에 대해서는 특허권을 강하게 보장함으로써 제약회사들의 혁신을 유도했다. 영국도 미국과 비슷한 내용의 의료 법안을 발의함으로써 세계적으로 신약이 승인되는 비율은 현저히 감소하게 되었다. 그러나 한번 승인을 받으면 그 효과와 안전성이 입증되어 오랫동안 신약의 독점적인 지위를 누리고 복제품으로부터 보호받을 수 있었기 때문에(영국을 포함해) 많은 미국기업들은 신약 개발 사업에 뛰어들기 시작했다.

반면, 유럽 대륙은 제품 승인 과정이 덜 엄격했을 뿐만 아니라 특허 제도에 있어서도 최종 제품(의약품)에 대한 특허권이 아니라 제조 과정상의 특허권만을 인정했다. 따라서 유럽대륙에서는 소규모 기업이 여전히 잔존할 수 있었고, 신약 개발을 위한 혁신보다는 기존의 약을 모방하거나 마케팅에 집중하는 모습을 보이게 되었다.

분자생물학 혁명과 정부의 지원

미국이 제약 산업을 획득하던 제3기에는 주목할 만한 기술 패러다임의 변화가 일어나는데, '분자생물학 혁명'이 바로 그것이다. 생명체와 유전 물질의 본질적인 구조인 DNA를 발견하면서 생물학은 크게 발전하게 된다. 20세기 후반, DNA와 함께 단백질을 구성하고 있는 입자들의 구조가 발견되었고, 이 발견은 식품, 농업 등 다양한 응용학문에 영향을 주었다.

분자생물학 혁명을 통해 생명공학이 발전하게 된 것은 제약 산업에 있어서도 패러다임의 큰 전환이었다. 왜냐하면 어떤 성분이 어떤 효능을 가지고 있는지를 과학적으로 분석할 수 있게 되었기 때문이다. 이전까지는 이미 존재하는 여러 성분의 결합물이 어떤 병을 치료할 수 있을지 수천 번의 무작위 실험 끝에 선별해내는 비효율적인 방법을 사용했다. 그러나 이제는 분자 구조를 발견하고 이를 재구성할 수 있는 기술 덕분에 어떤 성분이 어떤 질병과 대응될 수 있는지, 그리고 특정 질병의 생물화학적 원인이 무엇인지에 대해서도 알 수 있게 되었다. 결국 특정 질병을 치료하는 효과를 가진 약품을 '디자인'할 수 있게 되었는데 이는 앞서 살펴본 '무작위 검색'과는 확연히 구분되는 새로운 기술 패러다임이며, 이 기술로 인해 R&D 투입 비용에 비해 신약 개발 성공률이 높아져서 더욱 효율적으로 신약 개발에 착수할 수 있게 되었다.

한편, 미국 정부는 2차 세계대전 기간 중 페니실린 개발에 집중적으로 투자한 것을 시작으로 미국국립보건원을 중심으로 R&D 지원을 하기 시작했다. 유럽 대륙 역시 R&D 투자를 증가시키기는 했으나, 유럽 대륙의 총 R&D 투자 비용은 미국에 미치지 못했다(Malerba and Orsenigo,

2002). 투자의 형태 또한 달랐는데, 미국은 의과대학을 중심으로 연구기관에 투자를 해 기초과학 연구와 임상실험이 연계될 수 있게 했다. 반면 유럽 대륙은 국가마다 다른 R&D 투자 정책을 가지고 있었기 때문에 통일된 제약 산업 정책을 추진하지 못했고, 이로 인해 통일된 연구를 할 수 없었을 뿐만 아니라 의학적 치료 및 실험과 기초과학 연구 간 괴리가 발생했다.

미국의 추격 및 추월 전략

R&D 투자의 증가

2차 세계대전으로 인한 의약품 수요 증가와 정부의 신약 R&D에 대한 전폭적인 지원은 미국의 제약 산업 발전에 있어서 중요한 기회의 창이 되었다. 이 시기 대부분의 유럽 국가들(프랑스, 이탈리아, 스페인 등)과 일본은 기존의 약품을 모방하거나 생산하고 마케팅하는 데 힘쓰고 있었다. 이때 후발자로서 미국이 취할 수 있는 전략은 선발자의 경로를 추종하는 방법과 새로운 경로를 창출하는 방법이 있었을 것이다. 이때 미국기업은 기존 약품을 생산하는 선발자 추종 전략을 거부하고 '무작위 검색'을 통해 새로운 경로를 창출하는 전략을 선택하게 된다. 물론 '무작위 검색'을 이용한 R&D는 우연에 기댄 것으로 성공률이 매우 낮았으나 이 시기를 거치면서 미국은 화이자Pfizer와 같은 블록버스터 급 의약품을 생산하는 기업이 탄생하기 시작했고, 유럽을 적극적으로 추격할 수 있게 되었다(Matraves, 1999).

한편, 케파우버-해리스 수정안이 발의된 후로 약품의 승인 절차가 더욱 복잡해지면서 미국기업들은 승인을 받기 위해 R&D에 더욱 집중해야만 했다. 신약 개발을 위해 투입된 비용은 큰 데 비해 승인을 받는 신약 비율은 너무 낮아서 이를 감당하지 못한 작은 기업들은 도산하게 되었고, 결국 R&D 경쟁에서 이긴 혁신적이고 수출지향적인 기업만이 미국 제약 산업에서 생존하게 되었다. 더불어 미국정부는 기초과학에 대한 R&D 지원도 증가시켰는데, 주로 대학 중심의 연구로서 나중에 미국이 제약 산업의 주도권을 확보하는 데 큰 역할을 하게 된다.

생명공학 벤처기업의 등장과 산학협력

미국이 제약 산업에서 유럽 대륙 전체를 추월하고 전 세계 제약 산업의 주도권을 획득하게 된 것은 1980년대 분자생물학 혁명으로 인해 생명공학이 제약 산업과 상호 관련성을 가지게 되면서부터이다. 즉, 생명공학은 이전과는 다른 방식으로 신약을 개발할 수 있는 토대를 제시했다.

이 시기에 생명공학 벤처기업New Biotechnology Firms, NBFs이라 불리는 새로운 형태의 기업이 등장하게 되는데, 이들 기업은 기초연구를 담당하는 대학과 신약의 상품화를 담당하는 제약 회사를 그들이 가진 응용기술(생명공학 기술)로 연결해주는 역할을 했다. 이와 같이 미국 제약 산업은 기초기술연구(대학), 응용기술연구(생명공학 벤처기업), 투자 및 제품생산(제약회사), 3단계의 분업 및 협업 시스템으로 발전하게 되었다. 미국은 연구기관과 투자 및 제품생산을 분리시킴으로써 각 분야의 전문성을 최대한 활용할 수 있었고, NBFs 덕택에 생명공학기술을 빠르게 신약 개발로 연결시킬 수 있었다.

반면 유럽 대륙은 기존 방식을 고수하고 있었다. 앞서 미국이 엄격한 승인 과정을 통해 R&D 경쟁력에서 뒤처지는 소규모 기업을 퇴출시킬 무렵 유럽 대륙에서는 여전히 작은 기업들이 활동하고 있었으며, 그들은 혁신보다는 현재의 이윤을 높이는 데 주력했다. 또한, 유럽 대륙의 대기업들은 기존에 개발된 의약품 판매만으로도 기업 이윤을 확보하는 데 충분했기 때문에 새로운 기술인 생명공학을 받아들일 유인이 작았다. 게다가 내수 시장을 중심으로 기업 활동을 전개했기 때문에 수출 시장에 대한 관심도 적었고 따라서 출발 시점도 늦었다.

결론적으로 20세기 중반부터 신약 개발 기술과 그의 기초가 되는 자연과학의 발전, 미국정부의 연구개발 지원 정책, 제약 산업 관련 제도의 변화는 미국 제약 산업이 유럽대륙을 제치고 주도권을 잡는 데 중요한 기회의 창을 제공했다. 미국 제약업체는 이를 적극 활용해 새로운 경로들인 무작위 검색을 통한 R&D, 생명공학을 이용한 신약 개발, 생명공학 벤처기업의 탄생을 통한 제약 산업의 새로운 모델인 3단계 산학협력 시스템 등을 창출했다. 이와 같은 새로운 경로 창출은 미국이 유럽 대륙을 성공적으로 추격하고 더 나아가 추월할 수 있게 해주었다. 반면 유럽대륙은 주도권을 가진 입장에서 변화할 유인을 찾지 못한 채 기존의 생산 및 연구 방식을 고집했으며, 이로 인해 1970년대부터 미국, 영국, 스위스 등의 국가들에게 제약 산업의 비교 우위를 빼앗기게 되었다.

20세기 후반 인도와 중국 제약 산업에서의 기회의 창

미국이 대규모 R&D 투자를 앞세워 제약 산업의 주도권을 쥐고 있는
유럽대륙을 추격할 무렵, 일명 E7[2]이라 불리는 신흥국들은 제약 산업
에서 매우 미미한 위치를 차지하고 있었다. 인도의 경우 1947년에 갓
독립한 상태였기 때문에 산업 역량이 전반적으로 약했고, 중국 역시
1950년대가 되어서야 정부 정책의 일환으로 국영 제약업체가 설립되었
다(野地 徹 와 湯進, 2010[3]). 이와 같은 상황에도 불구하고 현재 인도와 중
국을 중심으로 한 신흥국들이 제약 산업에서 괄목할 만한 성장을 하게
된 이유는 20세기 후반에 이들에게 기회의 창이 제공되었기 때문이다.
미국 사례와 달리 인도와 중국에게 열린 기회의 창은 자국의 수요 측면

과 자국의 성장을 위한 정부의 정책 측면으로 구분된다.

다른 신흥국보다 인도와 중국이 제약 산업에서 빠르게 성장할 수 있었던 것은 유리한 내수 시장 덕분이었다. 앞에서도 언급했듯이 제약 산업은 막대한 R&D 회수를 위해 항상 대규모 시장이 필요했고 그러한 이유로 수출지향적인 구조를 가지고 있었다. 그러나 세계 인구의 1, 2위를 다투는 중국과 인도는 수출 없이 내수 시장만으로도 연구개발 비용을 회수하기에 충분했다. 또한, 양국 모두 빈곤과 질병 문제가 심각했고 이를 퇴치하기 위해서는 국민들이 반드시 복용해야만 하는 필수 의약품의 공급이 중요했기 때문에 자연스럽게 제약 산업이 성장할 수 있었다. 그리고 전 세계 평균을 뛰어넘는 높은 경제 성장률과 1인당 GDP의 증가는 국민들의 전체적인 삶의 질을 향상시켰고, 건강 관리에 대한 중산층의 관심을 높여 의약품에 대한 수요가 크게 증대되었다. 최근 발생되고 있는 높은 인구 증가율과 고령화 현상 역시 제약 산업에 대한 수요를 증가시키고 있다. 특히 인도의 경우 UN의 집계에 따르면 2025년 중국의 인구를 앞지를 것으로 보여 인도 내 자국 수요는 지속적으로 증가될 것으로 예상된다(Perlit, 2008, 5쪽).

한편, 인도와 중국 정부는 제약 산업을 전략적으로 성장시키기 위해 관련 제도를 정비했다. 인도의 경우 1970년 인도 제약 업체에 유리하도록 특허법을 개정한 후, 2005년 TRIPs 협정[4]에 참여하기 이전까지 이 제도를 유지하고 있었다. 이 제도에 따르면 인도 특허법이 고시하는 의약품(주로 자국민을 위한 필수 의약품이 이에 해당된다)에 대해서는 과정에 대한 특허권만을 인정할 뿐 완성품에 대한 특허권은 인정하지 않아서 다른 과정을 통해 동일한 기능을 하는 모방 의약품이 생산될 여지가 많았다.

그리고 1990년대 동안에는 이전에 실시되었던 가격 규제를 완화시킴으로써 기업의 경쟁력을 높일 수 있는 토대가 형성되었다. 野地 徹 and 湯 進(2010)의 연구에 따르면 중국은 제약 산업 초창기인 1950년부터 국영 제약 업체를 중심으로 제약 산업을 발전시켰다. 중국의 제약 산업은 사회주의 국가 특성상 정부의 강력한 통제와 지원 속에서 성장했다. 1995년 인도가 WTO에 가입하고 2001년 중국 역시 가입하면서 양국 정부는 자국 산업만을 보호하는 정부 지원 정책은 더 이상 실시하지 못하고, 국제 무역 질서를 따르는 범위 내에서 국제 경쟁력을 높이기 위한 노력을 하고 있다.

이처럼 인도와 중국은 정부의 제도적 보호 속에서 제약 산업을 성장시켜 왔으며, 이를 통해 2006년 세계 의약품 판매액 중 양국이 차지하는 시장점유율은 8.1퍼센트에 이르게 되었다([그림 8-1] 참조). 이 수치는 미국(25.6퍼센트)과 비교했을 때 매우 낮은 것으로 여겨질 수 있으나, 1996년에

[그림 8-1] 전 세계 제약 시장 판매 점유율의 변화 (단위: %)

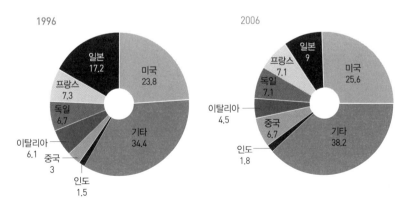

자료: Perlit(2008)에서 재인용.

서 2006년까지 10년간 판매점유율의 성장 측면에서 보면 괄목할 만하다. 특히, 중국은 1996년 시장점유율이 3퍼센트에 불과했으나, 2006년에는 두 배 이상 성장한 6.7퍼센트에 이르게 된다. 이와 같이 인도와 중국은 세계 제약 산업에서 주목할 만한 추격을 하고 있는 것이 분명하며, 향후 10~15년 내에 중국이 세계에서 가장 큰 제약 시장을 보유하게 될 것이라는 기대도 관측되고 있다.[5]

인도와 중국의 추격 전략

높은 인구 및 경제 성장에 따른 대규모 내수 시장과 정부의 자국기업 우호정책은 인도와 중국 제약 산업에서 기회의 창이 되었다. 이와 같은 기회의 창을 활용한 양국의 추격 전략은 무엇이었을까? 이는 네 가지로 요약될 수 있는데 첫째, 내수 시장을 기반으로 한 기초 성장, 둘째, 2차 혁신자second innovator로서의 경로 창출, 셋째, 다국적 기업과의 협업, 넷째, R&D 투자이다.

　인도와 중국은 세계 시장으로 진출하기 전에 거대한 내수 시장을 대상으로 제약 산업 성장의 초석을 닦았다. 그러나 양국의 추격 전략은 미국과 사뭇 달랐다. 인도와 중국이 진출했을 때 세계 제약 산업은 유럽과 미국에 의해 신약 개발 및 특허권이 선점된 상태였고, 양국 정부가 지원할 수 있는 R&D 투자 규모도 미국과 유럽에 비해 너무 작았다. 이러한 이유 때문에 인도는 미국과 정반대로 특허법을 완화시켜 신약을 개발하기보다 이미 완성된 제품의 복제품Generic을 생산하는 전략을 사용했다(Guennif and Ramani, 2010). 이는 2차 혁신자로서 역할을 수행하는 것으로 새로운 경로를 창출한 것으로 간주될 수 있다.

그러나 점차 인도는 국제 질서로 편입하라는 압력을 지속적으로 받게 되었고, 수출과 기술 수입을 위해서라도 보호무역을 완화하고 개방 정책을 펼쳐야만 했다. 결국 인도는 1995년 WTO에 가입을 하게 되었고, 2005년 TRIPs 협정을 받아들이게 되면서 모방을 통한 복제 약품 생산과 같은 2차 혁신자로서의 지위를 잃게 되었다. 복제 약품이 성장할 수 있었던 것은 제조 과정에 대한 특허권만 인정되고 최종 제품에 대한 특허권이 불인정되었기 때문이었는데, 이제는 둘 다 특허권이 인정되어 인도는 다음 성장을 위한 새로운 전략이 필요하게 되었다.

이러한 도전 속에서 인도가 선택한 전략은 적극적인 R&D를 통해 신약 개발과 특허권 확보에 집중하는 것이었다. 만약 인도가 스스로 신약을 개발할 수 있는 능력을 확보하게 된다면 TRIPs는 제약이 아니라 새로운 기회의 창으로 작용할 수도 있기 때문이다. 그 후 인도는 R&D를 통해 WTO가 제시하는 우수의약품 품질관리 기준Good Manufacturing Practice, GMO을 충족시키는 의약품을 생산하게 되었으며, 이로 인해 인도 제약 산업의 경쟁력을 한 층 더 향상시키게 되었다.

그런데 양국이 R&D 활동을 아무리 활발히 한다 하더라도 이미 오래전에 탄탄한 과학 기반을 확보하고 있는 미국과 유럽을 추격하기에는 한계가 있었다. 우선 양국은 재원 자체도 충분하지 않고 재원을 확보했다 하더라도 빈곤층에 대한 복지 문제가 심각한 상황에서 제약 산업에 막대한 비용을 쏟는 것이 쉽지만은 않았다. 이와 같은 문제 인식 속에서 양국은 미국과 유럽의 초국적 기업과 인수합병M&A 및 협력을 통해 R&D 비용 및 위험을 분담하는 방법을 택했다. 또한, 신약 개발에 전력하는 대신 우수한 과학기술 인력을 이용해 기초과학 연구에 집중하거나, 최종 제품의 유통을 맡는 등 분업을 통한 성장을 꾀하고 있다 (Guennif and Ramani, 2010).

결론

본 연구는 세계 제약 산업의 패권을 쥐고 있던 유럽이 어떻게 미국에게 주도권을 빼앗겼고, 그 이후 인도와 중국은 또 어떻게 미국과 유럽의 제약업체를 추격하고 있는지에 대해 살펴보았다. 이러한 고찰을 통해 우리는 다음과 같은 사실을 발견했다.

첫째, 추격의 시점에 따라 다른 유형의 기회의 창이 추격국(미국, 인도, 중국)에게 열렸다는 사실이다. 미국의 경우 무작위 검색과 분자생물학의 혁명과 같은 기술 패러다임의 변화와 강력해진 특허제도(케파우버-해리스 수정안)가 기회의 창으로서 역할을 톡톡히 했다면 인도와 중국은 정부의 직접적인 제도 지원이 큰 역할을 했다. 따라서 후발자들은 어떤 유형의 창window이 자신에게 기회를 가져다 줄 수 있을지 끊임없는 탐색이 필요하다.

둘째, 기술이나 제도의 변화 자체가 모든 후발자에게 기회가 될 수는 없다. 오직 그 기회를 혁신으로 변화시킬 수 있는 능력을 가진 후발자만이 추격의 가능성을 갖게 되는 것이다. 미국의 경우 케파우버-해리스 수정안으로 신약 출시가 더 어려워졌음에도 불구하고 미국은 이를 장애로 생각하기보다는 특허권의 강한 보장에 따른 혜택으로 활용해 신약 개발의 경쟁력을 향상시켰다. 인도 역시 TRIPs에 참여함으로써 복제약품을 생산하는 데 어려움이 있었지만 이를 계기로 R&D에 힘써 WTO가 제시하는 우수의약품 품질관리 기준Good Manufacturing Practice, GMO을 충족시키는 의약품을 생산했다.

셋째, 모든 국가가 추격과 추월에 성공하는 것은 아니다. 앞서 이야기 했듯이 성공적인 추격과 주도권 이전은 적절한 기회의 창과 후발자의 혁신적인 대응의 결합으로 이루어진다. 최근 인도와 중국이 제약 산업에서 높은 속도로 추격에 성공하고 있으나, 최근 제약 산업의 새로운 변화들, 특허가 만료되는 블록버스터 급 의약품의 증가와 바이오 의약품 시장의 성장이 또 다른 주도권 변화를 야기하는 기회의 창이 될 수 있다. 인도와 중국은 이 기회의 창을 어떻게 활용하느냐에 따라 미국과 유럽의 추격에 완벽한 성공을 확보할 수도 있고, 한국을 포함한 또 다른 제약 산업의 후발자에게 추격의 자리를 내줄 수도 있을 것이다.

주

1 제약 산업이 기업 내 R&D 기능을 갖추고 연구 집약적 산업으로 발전하기 시작한 1930년대 부터 화합물들을 대량으로 합성해서 동물 모델을 이용해 그 약리 효과를 검색하는 것으로 이후 신약 발견의 전형적인 방법론으로 자리 잡기 시작함(김석관, 2004).

2 'Emerging 7'의 약자로 현재 경제 신흥국인 브라질, 중국, 인도, 인도네시아, 멕시코, 러시 아, 터키를 의미함.

3 이는 해당 논문을 KIET(http://www.kiet.go.kr)에서 요약한 것을 재인용한 것으로 요약문은 다음 사이트를 참조하기 바람(http://www.kiet.go.kr/servlet/isearch?mode=view&dataNo=40889).

4 'Agreement on Trade-Related Aspects of Intellectual Property Rights'의 약자로 '무역 관련 지적재산권에 관한 협정'을 의미함. 1994년 출범한 WTO의 부속협정으로서 지적재산권에 대한 최초의 다자간 규범임.

5 中国制药业未来10年的希望与挑战(2011), 중국상무부
(http://ccn.mofcom.gov.cn/spbg/show.php?id=11541&ids=5ks), KIET에서 재인용, (http://www.kiet.go.kr/servlet/isearch?mode=view& dataNo=44562).

참고문헌

김석관(2004), 『제약 산업의 기술혁신 패턴과 발전 전략』, 과학기술정책연구원.

野地徹 and 湯進(2010), "中国製薬産業の現状と展望−市場,企業動向と戦略,ならびに事業機会", *Mizuho Industry Focus*, Vol.84.

Guennif, Samira and Shyama V. Ramani(2012), "Explaining Divergence in Catching-up in Pharma between India and Brazil Using the NSI Framework", Research Policy, Vol. 41(2), p430~441.

Malerba, Franco(2002), "Sectoral Systems of Innovation and Production," Research Policy, Vol.31(2), p247~264. _____, and Luigi Orsenigo(2002), "Innovation and Market Structure in the Dynamics of the Pharmaceutical Industry and Biotechnology: Towards a History-Friendly Model," Industrial and Corporate Change, Vol. 11(4), p667~703. Matraves Catherine(1999), "Market Structure, R&D, and Advertising in the Pharmaceutical Industry," The Journal of Industrial Economics, Vol. 47, p169~194.McKelvey, Maureen and Luigi Orsenigo(2001), "Pharmaceuticals as a Sectoral Innovation System," Working Paper ESSY.Perlitz, Uwe(2008), "India's Pharmaceutical Industry on Course for Globalization", Deutsche Bank Research.

9장

한국의 기업, 산업, 정부 차원의 대응 전략

이근(서울대학교)
박태영(한양대학교)

여러 산업에서 볼 때 산업의 주도권은 한 나라가 독점하지 못하고 나라에서 나라로 이전해왔다. 즉, 철강 산업은 미국이 주도하다가 일본을 거쳐 한국으로 왔으며 향후 중국이 부상하고 있다. 휴대폰 산업 역시 미국의 모토로라가 창설한 이후 주도권이 핀란드의 노키아로 갔다가 최근에 한국의 삼성으로 넘어왔다. 조선 산업도 유럽에서 일본을 거쳐 한국으로 왔으며 중국이 등장하고 있다. 이 책은 이와 같은 산업 주도권의 국가 간 이전 현상을 추격 사이클 이론의 관점에서 분석했다. 즉, 선발자의 사이클이 있다면, 후발자가 등장해 선발자를 시장에서 몰아내고, 또 이 후발자는 그 이후에 등장한 차세대 후발자에게 다시 자리를 내주는 통상적 사이클이 그것이다. 여기에 추가해, 후발자가 추격에 실패하는 경우나 선발자가 계속 주도권을 유지하는 경우인 수퍼사이클도 같은 이론 틀에서 설명이 가능하다.

이러한 산업 주도권의 연속적인 변화를 설명하기 위해 본서는 '기회의 창'이라는 개념과 추격의 세 가지 유형(경로 추종형, 단계 생략형, 경로 창출형)을 결합한 이론적 분석틀을 제시했다. 기회의 창의 예로 새로운 기술 혁신이나 새로운 기술-경제 패러다임의 등장, 경기순환(불황)과 시장 수요의 변화, 정부나 규제의 역할 등을 고려했다. 이런 기회의 창들이 후발자의 적절한 전략과 맞물릴 때 종종 급속한 시장 역전과 비약이 발생한다는 것이다.

이런 시각에서 볼 때, 현재나 향후 등장할 새로운 기술 패러다임은 무엇일까? 첫째, 기존의 에너지를 대체하는 태양광, 바이오 연료, 풍력 등 신재생 에너지 혁명을 꼽을 수 있고, 둘째, IT, BT, NT 등 여러 분야의 기술이 융합되어 산업의 새로운 돌파구를 여는 융합 기술 혁명을 꼽을 수 있다. 새로운 기회의 창과 관련된 신산업 분야의 주도권을 선점하는 기업과 국가가 21세기의 새 리더가 될 것이다.

한편 한국 산업은 아날로그에서 디지털 기술로의 전환기를 기회의 창으로 삼아, 아날로그 시대의 승자로서 거기에 너무 오래 집착한 일본을 따돌리고 승자로 부상했다. 그런가 하면 한국기업은 중국이라는 차세대 추격자로부터 도전을 받고 있다. 지금까지 한국의 기업들은 선진국 기업 추격에만 집중하다 보니, 자신이 이제 거꾸로 추격당할 수도 있고, 여기에 대응할 적절한 전략이 필요하다는 생각을 못한 것 같다. 이제 제대로 된 방어 전략을 구사할 때가 되었다.

이런 시점에서 한국의 기업, 산업, 정부가 어떤 전략과 선택을 해야 할 것인가를 다룬다.

정점에 오른 한국 대기업

고도성장기 이후 현재 한국의 대기업들은 성과의 정점에 올라 있는 듯
하다. 15년 전만 하더라도 외환위기의 주범으로 지목되었고, 독립형 기
업보다 성과가 열등한 기업 형태라고 인식되었으나 지금은 (중소기업에 비
해) 성과가 너무 좋다고 야단이다.

　한국의 재벌형 기업집단을 보는 세 가지 이론적 시각이 존재하는데,
후진국형 시장 실패론과 대리인 비용론, 역량 중시 이론이 그것이다. 대
기업은 60~70년대 특별한 역량 없이 정부 보호에 기반한 인위적 이윤,
즉 일종의 지대rent을 추구하면서 성장해왔다. 이후 70~80년대를 거치
면서 추진력과 다각화를 중요한 핵심 역량으로 성장해왔다. 즉, 혁신은

미흡했으나 일을 맡기면 단기간 처리하는 추진력과 실행력은 재벌형 대기업의 핵심 역량이었다. 90년대에 들어서는 다양한 부문 간 수직적·수평적 통합을 이루고 이들 간 시너지가 생겨나면서 한 단계 높은 역량이 생성되었다. 최종적으로 2000년대 들어서는 진정한 핵심 능력으로 자신의 기술 분야에서의 혁신 능력을 보유하는 수준으로 상승했다.

이런 과정을 통해 성과의 정점에 오른 한국기업의 현 과제는 무엇일까? 그것은 다음과 같이 요약될 수 있다. 한국기업은 과거의 애플 쇼크 같은 선발기업의 파괴적 혁신에 대해서 어떻게 해야 할까 하는 당황스러운 상황(후발자 상황)에 빠지지 말아야 하고 동시에 최근의 노키아나 모토로라처럼 새로운 기술 동향을 무시하다가 추락하는 선발자 함정에도 빠지지 말아야 한다.

승자의 함정에 빠지지 말아야

과거 추격자였던 한국기업은 이제 승자가 되면서, '승자의 함정'에 빠질 가능성이 생겼다. 그동안 한국기업은 항상 새로운 물결, 즉 새 시장이 출현하고 새로운 패러다임이나 산업이 등장할 때마다 빠르게 그 흐름에 올라타는 성공 공식으로 성장해왔다. 향후 미래에 추락이나 위기 발생 가능성을 논한다면, 그것은 새로운 비즈니스 모델이나 상품을 찾을 수 없을 때 발생하는 것이 아니라 지금까지 잘 해온 성공 공식을 망각할 때 발생할 수 있다. 즉, 승자는 항상 새로운 패러다임을 반기기보다는 기존 상품, 기존 시장, 기존 패러다임이 지속되기를 바라기 때문에 위기를 맞을 수밖에 없다는 것이다.

즉, 한국의 성공 공식은 더 큰 외국 시장을 목표로 새 트렌드에 빨리 부응하는 상품을 남보다 더 빨리 효율적으로 만들어온 것인데, 이런 성공 공식을 잊지 말아야 한다는 것이다. 지금 한국 시장에서 잘나간다고 해서 혹은 기술적 우위만 믿고, 새롭거나 다른 트렌드를 무시하는 승자 함정에 빠지지 말아야 한다. 실례로 삼성이 일시적으로 스마트폰의 가능성을 무시해 벌어진 애플 쇼크나, 현대자동차의 초기 하이브리드나 전기자동차에 대한 미미한 반응, 외국의 전화 방식에 대한 한국의 규제 등이 승자의 함정과 비슷한 사례라고 볼 수 있다. 과거 외국기업인 코닥의 경우 필름전문회사였으나 디지털 카메라에 대한 대응 실패로 추락했으며, 폴라로이드 역시 그러했다. 반면에 중국의 BYD는 전기자동차 시장의 가능성을 보고 새로운 패러다임에 조기 합류했으며, 캐논의 경우도 필름카메라에서 디지털카메라 시대로 변화하는 시기에 능동적으로 대처해 성공한 사례로 꼽힌다.

즉, 한국기업은 특히 성공적인 기업일수록 기존의 상품이나 시장에 계속해서 집착하기보다는 항상 새로운 시장과 제품을 찾아 움직이고 새로운 패러다임에 올라타야 한다. 무엇보다 작은 시장보다는 큰 시장을 목표로 하는 것이 중요한데, 그 이유는 한국의 표준이 반드시 세계의 표준은 아니기 때문이다.

혁신의 내생화와 M&A

선도자 함정에 빠지지 않는 것과 동시에 중요한 것은, 과거의 애플 쇼크 같은 선발기업의 파괴적 혁신에 대해서 어떻게 해야 할까 하는 당황스러운 상황(후발자 상황)에 빠지지 말아야 한다는 것이다. 즉, 다른 기업이 선도한 혁신에 어떻게 대응해야 할까 고민하는 상황에 직면해서는 안 되고 미래의 혁신을 자신에게 유리한 방향으로 주도 및 내생화해야 한다. 즉, 혁신을 자신에게 유리한 방향으로 지속적으로 끌고 가는 것만이 산업 주도권을 넘겨줘야 하는 상황을 피할 수 있는 최선의 길이다. 이러한 주도적 혁신의 예는 디지털 패러다임 등장 이후에도 계속 주도권을 유지하는, 캐논 같은 일본 카메라 산업이 있다. 비슷하게는 반도체 산업의 메모리 분야에서 주도권이 미국의 인텔에서 시작해 일본을 거쳐 삼성으로 온 이후 삼성에게 계속 유지되는 반도체 사례가 있다.

산업 주도권을 계속 유지해나가는 또 하나의 전략은 M&A를 활용하는 것이다. 중국기업들이 외국 기업의 M&A를 통해 기술이나 브랜드를 신속히 확보하는 추격 전략으로 활용한 것은 잘 알려진 사실이다. 그런데 뒤집어 보면, M&A는 선도기업의 방어 전략으로서도 활용가능하다. 쉽게는 잠재적으로 위협이 될 만한 기술이나 비즈니스 모델을 가진 신생 기업을 일찍 인수하는 것은 잠재적 위협 요인을 제거하는 효과가 있다. 동시에, 이는 신기술을 확보해 자신의 성장 동력으로 삼는 효과도 있다. 실제로, 구글이 전형적으로 M&A를 가장 많이 하면서 성장한 기업인데 바로 신기술 확보와 잠재적 경쟁자 제거라는 두 효과를 노렸다고 볼 수 있다. 이를 연장하면, 한국기업의 인수 대상은 꼭 기술 확보

목적의 선진국 기업뿐만 아니라, 선제적 방어 목적으로 중국기업을 인수하는 것이 될 수도 있다. 가령, 삼성이 샤오미 같은 기업을 초기에 인수했을 수도 있는 것이다.

병행자 전략: 선점자와 추격자 사이

한편, 한국기업은 이제 신속한 추격자fast follower 전략을 버리고, 선점자 first mover 전략으로 가야 한다는 소리가 많다. 그러나 맹목적인 선점자 전략은 위험한 선택이다. 과거 한국이 선점자가 아니었던 것이 아니다. 예를 들면 아이팟의 원형은 한국이 최초로 개발한 MP3 플레이어였고, 스카이프라는 인터넷 전화도 새롬이 개발한 '다이얼패드'가 최초였으며, 소셜네트워크의 원조 역시 한국의 '아이러브스쿨'과 '싸이월드'였다. 스마트폰도 애플 이전에 삼성과 노키아가 개발했으며, 4G이동통신 역시 LTE 말고 한국이 와이브로를 먼저 시작한 바 있다.

한국이 선점자가 되지 못하는 것이 문제가 아니라 최종 성공으로 연결 짓지 못하는 다른 요인들이 문제이다. 여러 연구를 보면 선점자가 최종적인 승자가 아닌 경우가 오히려 많다. 이는 선점자 전략이 내포하는 두 가지 리스크 때문이다. 첫째는 여러 선택 가능한 기술과 표준 중에서 어떻게 맞는 선택을 하느냐는 리스크가 있고, 둘째로 새 제품 및 기술에 대한 초기 시장이 존재하느냐 또는 시장을 어떻게 창출할 것이냐 하는 리스크가 있다. 가령, 와이브로를 한국이 선택해 밀어붙였지만, 시장에서 표준으로 확산되지 못한 사례는 위의 두 가지 리스크 모두에 걸린 사례이다.

그러면 한국에게 최적 전략은 무엇인가. 전략의 선택은 기술개발 능력과 자신이 표준 설정을 선도할 수 있는 네트워킹 및 문화코드 주도 능력이라는 두 요인에 의해서 결정된다. 미국기업의 경우 양자가 다 강하기 때문에 선점자 전략이 유효한 선택일 수 있고, 과거 한국은 양자가 다 약해서 빠른 추종자 전략이 적절한 선택이었다. 그런데, 최근의 상황은 기술능력이 강해졌으나, 아직 표준 및 문화 주도 능력은 약한 제3의 조합 상태이다. 이 상황에서 선점자 전략은 최적이 아니고 병행자$_{parallel\,mover}$ 전략이 유효할 수 있다.

한국의 디지털 TV 사례가 가장 적절한 예이다. 한국의 민관 콘소시움은 90년대 디지털 TV를 개발할 때 선진국들의 표준 논의가 네 개로 진행되자 이 네 개에 대해서 각 다른 소그룹을 지정해 병행적으로 개발을 진행하다가, 표준이 통합 결정되자마자 가장 빨리 이에 맞는 제품을 개발해내어 선점자가 되었다. 현재, 현대차가 하이브리드, 전기차, 수소차라는 세 개 기술을 동시에 진행하고 있는 것도 병행전략이다.

크게 보면, 최적의 전략은 빠른 추종자와 선점자 전략 사이의 적절한 균형이라고 할 수 있으며, 표준 및 시장 형성 단계에서는 병행 추종자로서의 역할을 하다가, 표준이 정해지면 빠른 진입을 하는 선점자, 즉 'fast mover'가 되면 된다. 그리고 소비재와 중간재에 있어서 문화 코드 등에 덜 민감하고 성능과 스펙이 중요한 중간재나 부품의 경우, 선점자 전략을 취해도 리스크는 적다. 반대로 소비재의 경우, 한국 시장이 작다는 점, 비영어권이라는 점, 문화 및 코드에 있어서 선도국가가 아니라는 점 등을 고려할 때 선점자 전략에 대해 더욱 신중해야 한다.

또한, 선점자 전략이 적절한 시장이 있는 반면에 중국, 인도 같은 미들엔드middle end 시장은 다르다. 미국 같은 하이엔드high end 시장과 또 다른 중간 시장을 고려할 때도 다른 전략을 병행하는 것이 적절하다. 즉, 과거의 일본 모델이나 애플식 미국 모델이 성공을 보장하는 것은 아니다. 이를 단순 모방하기보다는 한국적인 '오너-전문경영자'라는 독특한 투톱Two-top 모델을 기초로, 오픈 이노베이션open innovation을 추가하는 등 적절한 진화를 추구하는 것이 하나의 대안일 수 있다.

제품 판매에서 서비스 판매로의 패러다임 전환: 삼성-샤오미-애플

한편, 한국기업은 기존의 제품 판매라는 개념이 이제는 서비스 판매로 바꾸는 패러다임 전환과 이와 관련된 시장 경쟁의 질적 변화에 대해 준비해야 한다. MP3P의 판매와 음원 서비스 판매의 경우를 예를 들어보자. MP3P는 원래 우리나라 기업에 의해 개발되었다. 하지만 최종 승자는 시장을 한때 선점했던 아이리버가 아니라, 아이튠즈라는 서비스를 갖고 있는 애플의 아이팟이 되었다. 한국기업은 단품 판매에는 강하나 서비스 판매에는 약하다. 서비스는 단순한 사업이 아니라 문화코드를 잘 이해해야 하는데, 우리나라는 상품을 통해 문화를 창출해내는 역량이 부족하기 때문이다. 그런데 이런 변화는 여러 분야에서 일어나고 있다. IBM를 비롯해 지멘스 등 전통 선진국 대기업들은 순수 제조업 기업에서 제조업과 관련된 서비스 제공 기업으로 바뀌고 있고, 매출의 원천이 점점 서비스 중심이 되어가고 있다. 이는 매우 중요한 패러다임 전환이다.

그런데 이런 전환에 앞서나가고 있는 것이 비단 선진국 기업뿐이 아니라는 점이다. 가령, 중국 스마트폰 시장에서 삼성을 넘어선 샤오미가 무서운 것은 이 기업의 비즈니스 모델이 단순히 휴대폰 판매가 아니라, 휴대폰 자체는 싼 값에 넘기고 거기에 부가되는 소프트웨어나 애플리케이션 등 부가 서비스에서 매출을 창출하려는 패러다임을 시도한다는 점이다. 반면 삼성과 유사하게 기술력에 기초한 제품 성능 자체로 승부하려는 화웨이는 샤오미보다 훨씬 오래된 기업이지만, 정작 삼성을 넘어선 것은 화웨이가 아니라 샤오미였던 것이다. 즉, 삼성에 진짜 위협이 되는 것은 삼성과 같은 방법으로 경쟁하려는 후발기업이 아니라 다른 패러다임을 들고 나오는 후발자인 것이다. 왜냐면, 추격과 추락의 이론 차원에서 보면, 후발자가 선발자를 넘어설 정도로 되기 위해서는 단순히 모방이 아니라 이를 넘어서는 새로운 발상과 파괴적 혁신을 시도할 때 비로소 가능하기 때문이다.

추격 사이클 개념의 예로서, 미국의 애플과 중국의 화웨이 및 샤오미라는 경쟁자에 둘러싸인 삼성의 전략을 생각해보자. 우선 애플에 대해서 삼성은 자신의 강점이 휴대폰뿐만 아니라 카메라, TV, 복합프린터, 세탁기 등 다양한 가전제품을 만드는 다각화된 기업이라는 점을 충분히 활용하지 못하고 있다. 즉, 애플 방식으로 하나의 전선에서만 싸우려 하지 말고, 전선을 넓혀서 삼성 방식으로 싸워야 한다. 가령, 여러 삼성 제품 간 연결성, 호환성 등을 극대화하고 IOTinternet of things: 사물 인터넷까지 추가해 이런 다양성에 기초한 '범위의 장벽'을 쌓아 애플을 눌러야 한다.

한편, 중국기업들과 비교한 삼성의 우위는 더 이상 기술력이 아니고 '삼성'이라는 브랜드 파워를 가진 시장의 선점자 및 선발자라는 점인데 이점을 이용해 '방어의 장벽'을 쌓아야 한다. 가령, 금전적 이득에 민감하고 계산에 빠른 중국 소비자들에게 각종 삼성 제품을 살 때마다 '삼성 마일리지'를 제공해 추가적으로 삼성 제품을 살 인센티브를 주어야 한다. 동시에, 이런 마일리지 카드 가입 시 확보되는 소비자 정보를 빅데이터로 만들어 계속 마케팅에 활용해야 한다.

이런 '삼성 마일리지' 제도는 미국 시장에서 애플과 경쟁할 때도 이용할 수 있는데 그것은 삼성만이 여러 다양한 가전제품을 생산 공급하는 다각화된 기업이기 때문이다. 현재 삼성은 그 많은 제품을 중국과 미국에서 팔아왔으면서도 그런 소비자에 대한 정보를 축적해 활용하지 않고 있다. 지금이라도 시작해야 한다. 이런 정보 확보는 가장 믿을 만한 진입장벽 구축의 관건이고, 앞에서 강조한 '제품 판매에서 서비스 판매'라는 패러다임 전환에 대처하기 위한 필수적 병기이다.

해방 이후, 특히 1960년대 이후, 한국은 눈부신 고속성장을 해왔다. 소위 압축성장이라고 불릴 정도로 선진국이 100년 이상 걸린 과정을 몇십 년 만에 달성하며 선진국과의 격차를 급속히 줄이는 추격형 성장을 해왔다. 한국이 선진국 수준에 도달할 수 있었던 것은 80년대 중반부터 혁신, 즉 R&D 투자에 집중한 덕이라고 볼 수 있다. 한국은 결국 기술 혁신을 통해서 보다 고가의 차별화된 제품을 만들 수 있는 혁신 능력을 키워온 것이다. 이러한 혁신 능력이 어디서 나오는가 하는 것은 매우 중요한 주제이며, 이에 대해서는 슘페터 학파의 국가혁신체제National Innovation System의 개념을 중시하지 않을 수 없다. Lundvall과 Nelson 등 슘페터 학파는 일찍이 국가혁신체제라는 개념을 주창하며, 이 국가혁신체제의 차이가 각 국가의 혁신성과의 차이를 낳고, 그것이 그 나라의 경제 성장을 결정지음을 주장한 바 있다. Lundvall(1992)은 국가혁신체제를 지식의 생산, 확산, 사용에 관련되는 여러 주체와 그들 간 관계라고 정의했다. 결국 국가혁신체제란 지식의 습득, 창조, 확산, 사용에서의 효율성에 관한 개념이다. 여기서는 한국이 과거 추격형 성장 단계에서의 국가혁신체제는 어떠한 것이었는가를 살펴보고, 나아가서 향후 한국이 선진국에 안착하고 성장을 지속하기 위해서는 어떤 유형의 기술분야에 특화해야 할지에 대한 이슈를 다루고자 한다.

한국의 추격과 전환점: 단명 기술에서 장수 기술로

우선 국가혁신체제를 표현하는 지표 중 하나는 국가가 '기술 수명이 짧은 분야에 많이 특화하고 있는가 아니면 수명이 긴 분야의 기술에 많이 특화하고 있는가'이다. 기술 수명이란 어떠한 기술이 얼마나 오래가느냐 또는 오래 사용되느냐 하는 개념이며, 기술 수명이 짧다는 것은 그 분야의 기술이 금방 수명을 다해서 몇 년 지나면 그 유용성이 급격히 감소함을 말한다. 기술 수명 주기는 특허 인용 자료를 가지고, 해당 특허가 인용한 특허들의 평균 출원(등록) 연도를 가지고 계산할 수 있다. 즉, 평균적으로 몇 년이나 오래된 특허를 인용하는지를 가지고 측정할 수 있다.

Lee(2013)에서는 성공적인 추격을 달성한 한국과 대만의 국가혁신체제를 다른 중진국 및 선진국과 비교해 추격형 국가혁신체제의 주요 특징을 규명하고 있다. 기업, 산업, 국가라는 세 차원에서 수행된 실증분석의 가장 중요한 결과는 성공적 추격국가 및 기업들은 기술 수명이 짧은 기술 분야, 단명 기술 분야에 집중 특화해 성장해왔다는 점이다.

기술의 수명이 짧은 것이 추격형 성장에 유리한 직관적 이유는 수명이 짧을수록 선진국들이 장악하고 있는 기존 기술의 유용성이 금방 하락하므로 기존 기술에 덜 의존해도 되며, 동시에 기술 수명이 짧다는 것은 계속 새로운 기술이 등장한다는 것을 의미하므로 성장 가능성이 높기 때문이다. 또한 선진국이 장악하고 있는 기술에 덜 의존하기 때문에 보다 빨리 국가 차원의 자기인용도를 높일 수 있는, 즉 지식 생산의 토착화를 빨리 달성할 수 있다는 유리한 점이 있다.

즉, 한국과 대만의 80년대 중반 이후의 기술 발전 양상을 보면, 그 이전에는 섬유, 의류 등 수명이 긴 분야에 특화하다가 80년대 들어서서 자동차, 가전, 반도체, 통신장비, 디지털 TV 등 점점 기술 수명이 짧은 분야로 진입했으며, 그 결과 다양한 산업 분야에 진입하게 되는 다각화를 이루었고, 또한 동시에 지식 생산의 토착화도 점점 늘어났다. 요컨대 기술 수명이 짧은 분야로의 순차적 진입이 다각화를 낳았고, 수명이 짧기에 선진국 기술에 덜 의존하면서 지식 생산의 토착화를 빨리 달성했던 것이다.

여기서, 혹자는 당시에 정책 담당자들이 기술 수명이라는 개념을 의식했겠는가 하는 의문을 가질 수 있다. 당연히 그렇지 않았지만, 한국의 산업 정책은 항상 '이 다음은 무엇이 뜰까' 하는 미래 성장 산업에 대한 집착을 가지고, 그러한 유망 산업을 먼저 인식하고 거기에 진입하려 했는데, 이런 인식이 바로 '짧은 기술 수명'이라는 기준과 일치한다. 남미 국가들이 상대적으로 수명이 긴 기술인 의료, 바이오 등에 특허가 많고 그런 산업을 진흥하려고 했으나, 경제 성장에 성공하지 못했다는 점은 만약 한국이나 대만도 그런 긴 수명 산업을 진흥하고자 산업 정책을 폈다면 많은 자원만 투입하고 실패했을 가능성이 크다는 점을 시사한다. 즉, 그런 산업을 목표로 삼지 않았던 것을 매우 다행이라고 하겠다.

선진국형 국가혁신체제와 추격형 국가들의 가장 큰 차이는 Lee(2013)에서 보여주듯이 선진국에서는 수명이 긴 기술, 즉 장수 기술 분야(의학, 생명과학, 소재, 기계)에 특허가 많은 것이 경제 성장과 유의미한 관계를 갖는다는 것이고, 또한 지식 생산의 토착화 정도가 높은 것이 성장에 양으로 유의한 관계를 가지며, 지식 생산의 집중도가 낮을수록 성장에 유의미하다는 것이다. 그렇다면 추격을 완성한 시점, 즉 탈추격post-catch-up단계에서는 추격형 국가들도 장수 기술 분야에 특허를 더 많이 내고, 지식생산의 주체를 보다 다양화, 분산화하고 지식 생산의 토착화 정도를 더 높일 필요가 있음을 시사한다.

실제로 Lee(2013)에 따르면 2000년대 이후의 한국과 대만의 특허를 조사했을 때에 기술 수명이 많은 분야로 특허가 늘어나는 현상이 나타남을 지적한다. [그림 9-1]에서 왼편의 숫자들은 평균 기술 수명인데, 가령 10이라는 숫자는 한국이 평균 10년 정도 오래된 특허를 인용해 자신의 지식(특허)을 생산한다는 의미이다. 이 숫자가 짧을수록 수명이 짧은 특허를 이용한다는 뜻이다. 이 그림을 보면 성공적 추격국은 두 개의 전환점turning point을 통과하는 전환점 가설을 볼 수 있다. 첫 번째 전환점은 80년대 중반으로 그 이전까지는 수명이 긴 분야에 특허를 많이 내다가 그 이후부터 수명이 짧은 분야로 특허를 내기 시작하고 그래서 평균 기술 수명이 계속 하강하다가 이것이 2000년 부근에서 멈추며

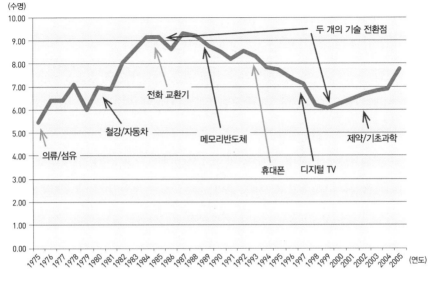

[그림 9–1] 한국 산업 기술의 평균 수명과 두 개의 기술적 전환점

(수명)

두 개의 기술 전환점

전화 교환기

철강/자동차

메모리반도체

제약/기초과학

의류/섬유

휴대폰   디지털 TV

자료: Lee(2013)의 통계자료를 이용하여 작성함.

그 이후에서는 다시 기술 수명이 길어지는 두 번째 전환점 통과 현상이 관측된다.

혁신체제 전환을 위한 정책적 시사

한국은 80년대 중반 이후 제1기술적 전환점을 통과하면서 선진국과 차별되는 영역, 즉 기술 주기가 짧은 분야에 특화하고 계속 진입함으로써 선진국과의 소득 수준의 격차를 줄이는 상당한 성과를 달성했다. 동시에 지식 생산의 토착화 및 기술 다각화도 어느 정도 진행되었다. 이후 한국은 2000년대 들어서서 기술 수명이 긴 분야로도 진입하기 시작하면서 제2전환점을 통과했으나, 아직은 미완성으로 보인다. 특히 2000년 대 이후에 나타난 기술 수명이 긴 분야에서의 특허출원은 이 시기의 한 국정부가 추진한 바이오 및 생명과학 분야에 대한 집중지원의 결과로 보인다. 그러나 이러한 생명과학 산업 진흥 정책이 어느 정도 특허를 내는 데에는 성공했으나, 아직 산업으로서 상업적 성공을 거두지는 못했다는 것이 일반적 판단이다.

구체적으로 대표적인 장수 기술 산업인 부품소재 산업과 바이오 의약 산업을 비교했을 때, 미국 특허 등록 수 기준으로 보면, 부품소재 산업이 바이오 의약 분야보다는 훨씬 많은 특허를 내고 있다. 즉, 한국의 장수 기술로의 전환은 최소한 현재는 다양한 부품소재 분야가 주도하고 있음을 알 수 있다. 다만, 부품소재 산업의 경우 한국이 선도적인 IT 업계에 기반을 둔 특허들이 아직까지 많다. 새로운 성장 동력으로써 부품소재 특허가 더 의미 있기 위해서는 기계와 화학 같은, 아직 한국에서 선도하지 못하는 영역에서의 부품소재 특허가 더 많이 나와야 할 것이다.

결론적으로 지금까지의 연구가 시사하는 바는 2000년대 이후 다양한 부품소재 산업에서의 약진과 일부 생명공학 산업의 발전이 한국의 장수 기술화를 이끌고 있다는 점이다. 부품소재 산업은 암묵지가 높은 산업이며, 여러 분야의 융합을 매개하는 산업이고, 기술 주기가 상대적으로 길다. 더욱이 한국이 강한 IT 업계와의 연관성이 이미 큰 만큼 IT를 기반으로 한 다양한 영역의 부품소재 산업으로의 확장이 용이해 보인다. 다행히 한국 산업은 2000년대 들어 이 분야에 뚜렷한 성과가 있어, 만성적자가 흑자로 돌아서고 있다. 이에 장수 기술 산업의 대표인 생명공학뿐만 아니라 다양함 부품소재의 투자를 통해 점진적으로 탈－추격형 장수 기술 주도의 산업 구조로 이동하는 것이 현실성 있는 전략이라는 판단을 내릴 수 있을 것이다 즉, 기술 수명이 긴 분야의 진입을 목표로 방향을 설정한다 하더라도, 이행 단계에서는 현재 한국의 강점인 단명 기술 분야(IT)와 그렇지 않은 장수 기술 분야(BT, biotechnology) 또는 새로운 분야(NT, nanotechnology)와의 융합을 추구하는 이행 전략을 설정할 필요가 있다. 다른 분야와 결합함으로써 긴 분야로의 진입에 대한 부담이 분산되며, 새로운 또는 유망한 사업 영역을 확보할 수 있는 기회를 얻을 수 있기 때문이다. 따라서 장수 기술 분야로의 진입이라는 장기적 목표의 설정하에 IT와 새로운 기술의 융합을 추구하는 것이 한국이 중간 단계에서 실행할 수 있는 현실적 전략이라고 보인다.

혹자는 기술 수명이 긴 분야가 진입장벽이 높고 후발자가 성공하기 어렵다면 왜 그 분야에 굳이 진입해야 하는지 의문을 가질 수 있다. 그리고 한국이 현재 잘하고 있는 IT 등의 짧은 수명 산업에 계속 특화해도 되는 것이 아닌지 생각할 수 있다. 물론 현재 잘 되는 산업을 계속 발전시키는 것은 바람직한 일이지만, 문제는 기술 수명이 짧은 분야는 우리가 빨리 추격했듯이 중국 같은 또 다른 후발자가 금방 쉽게 쫓아올 수 있는 분야라는 것이다. 현재 중국과 한국의 추격 속도를 검토해 보면, 중국의 추격이 가장 빠른 분야가 바로 기술 수명이 짧은 분야이다. 상대적으로 자동차나 기계부품 소재는 추격 속도가 IT에 비해서는 느리다. 그래서 한국이 또 한 번의 도약을 통해서 진입장벽이 높고 기술 수명이 긴 부품소재, 의료, 바이오와 같은 분야에 성공적으로 안착한다면, 후발자의 추격에 대해서 덜 걱정하면서 좀 더 안정적인 경제 상황을 유지할 수 있을 것이다. 바이오 산업의 경우 의학과 같은 Red 바이오, 식품과 같은 Green 바이오, 바이오 플라스틱 같은 White 바이오로 나눌 수 있는데, 그동안 시도한 Red 바이오는 상대적으로 더 어렵다는 것이 판단된 바, 바이오 플라스틱 같은 White 바이오 등이 더 적절한 선택일 수 있을 것이다. 그리고 그 외 태양광, 풍력, 조력, 지열 등 신재생 에너지 산업에 지속적으로 진입하는 것이 필요하다.

기술 수명이 긴 분야로의 진입이라는 과제 외에도, 한국은 지식 생산의 토착화나 기술 다각화 수준을 더 높이고 과다한 집중도를 개선해야 할 필요가 있다. 그런데, 이러한 전환은 기존의 소수 대기업 주도의 혁신체제로는 어렵고, 중소기업 등 다양한 경제 주체의 참여가 필요하다. 즉, 선도형 추격에서 동반형 추격으로의 전환 및 창조경제라는 화두가 어느 정도 적절함을 시사한다.

일찍이 슘페터는 창조라는 것은 완전한 무에서 새로운 것을 만들어내는 것이라기보다는 기존의 것을 새롭게 결합해내는 'new combination (신결합)'임을 역설한 바 있다(Schumpeter, 1934, 65쪽). 이러한 슘페터의 생각을 감안하면 우리가 창조경제라고 해서 완전히 새로운 것을 어디에서 찾을까 하면 어렵고, 기존의 것을 새롭게 결합해내서 새로운 시장, 새로운 성장 동력을 만들어내면 그것이 곧 창조경제를 쉽게 풀어나가는 길이라고 볼 수 있다.

구체적으로 아래의 세 가지 측면에서 생각해볼 수 있다. 첫째는 앞에서 지적된 바와 같은 과다한 지식 생산의 집중도를 개선하기 위해서 대기업과 중소기업을 새롭게 결합(new combination 1)해 중소기업이 보다 많은 지식 생산을 담당하게 하는 것이다. 여기에서 새로운 결합이란 기존의 성장엔진, 잘나가는 부분인 대기업 부분을 무조건 누르려고 할 것이 아니라 중소기업과의 관계에 있어서 새로운 상생적인 관계에 놓이게 하는 의미에서의 새로운 결합을 의미한다. 두 번째 새로운 결합은 노사 간 대타협이라는 새로운 결합(new combination 2)을 통해서 노동 시간은 줄이되 생산성은 높이고 그래서 일자리를 늘리는 혁신을 만들어내는 것이다. 이는 혁신의 원천을 단순히 고급 명시적 지식을 가진 과학자가 아니라 암묵적 지식을 가진 사내의 중하급 근로자까지 확산시킴으로써 지식 생산의 원천을 다양화시키고 상호확산을 높여서 지식 생산의 토착화 정도를 높이는 것이다. 세 번째 새로운 결합(new combination 3)은 여러 다양한 분야의 기술을 새롭게 결합, 융합fusion of technology함으로써 새로운 기술을 만드는 것을 의미하고 이는 곧 기술적 다각화가 향상됨을 의미한다. 가령 한국의 강점인 IT와 BT 및 NT 등을 결합해 새로운 기술 영역을 개척하는 것이다.

이상과 같은 세 가지 차원의 신 결합, 즉 대중소기업의 새로운 결합, 노사 간 새로운 결합, 기술 간 새로운 결합을 통해서 기존의 한국의 혁신 체제의 세 가지 약점인 과다한 대기업 집중도, 낮은 지식 생산의 토착화 및 기술 다각화 정도를 개선해나가자는 것이다.

```
┌─────────────────────────┐
│  정부는                   │
│  '신산업 정책'으로          │
│  가야                     │
│                         │
└─────────────────────────┘
```

선진국의 신산업 정책

최근 유럽과 미국 등 선진국에서 그동안 경시되어 왔던 '산업 정책'이 부활하고 있다. 이런 변화의 배경으로는 첫째, 환경 보전과 기후 변화에 대응하는 청정 기술과 청정 혁신이 시장 기능에만 맡겨놓기에는 시장 실패가 우려되고, 둘째, 미국 발 금융위기 이후 정부 역할에 대해 재인식하고 있으며, 셋째, 정부의 전폭적인 지원 속에 중국기업과 경제가 성장하는 모습에 경각심을 갖게 되었고, 다른 개도국들 역시 중국과 같은 정책을 채택하고자 하는 흐름이 생기고 있는 것 등을 들 수 있다(Aghion et al., 2011). 이는 또한 IMF나 World Bank와 같은 국제기구들이 개도국들에게 시장중심주의 정책을 일방적으로 요구하기 힘들어졌음을 의미한다.

유럽의 신산업 정책의 가장 중요하고 새로운 점은 혁신형 공공조달정책이다. 이 정책은 공급 정책인 R&D 지원 정책과 수요 정책인 공공조달정책을 연결시킨 것으로 시장(공공기관 구매자) 확보를 통해 공급업체의 혁신에 대한 동기유발을 높이고, 공급업체들이 연구개발한 결과물을 쉽게 상업화할 수 있도록 했다. 이 정책의 놀라운 점은 R&D 과정(R&D 서비스 조달, 상업화 전단계의 조달Pre-Commercial Procurement), 상업화, 조달과정(혁신 제품 및 서비스 조달, 혁신조달Product Procurement of Innovation)까지 일련의 과정을 전부 연결시키고 있다는 점이다. 지금은 초기 단계이지만 국경을 초월한 공공기관들이 동일한 문제를 해결하기 위해 하나의 프로그램에 모이고, 개발된 해결책이 EU 역내 모든 국가의 공공기관에 확산되며, 더 나아가 시장에서 표준으로 자리 잡게 된다면 세계 시장을 움직일 수 있는 파괴력을 지니게 될 것이다.

한편 미국의 산업 정책은 분산된 정치 구조 탓에 중앙정부가 조정하고 국가차원에서 프로그램을 운영하기보다 네트워크를 형성하는 데 집중하고, 네트워크 실패를 극복하는 방향으로 지속 발전해왔다. 또한, 국가, 주, 지역 등 서로 다른 수준과 장소에서 수많은 공공기관들에 의해 프로그램이 운영되는 탈집중화의 특징을 갖고 있다(Wade, 2012). 이는 EU 차원에서 제도 및 프로그램이 형성되고 실행되는 유럽과 대조된다고 볼 수 있다. 그리고 미국 산업 정책에는 기업, 대학, 공공연구기관 들의 네트워크를 형성하고 조정하는 데 탁월한 연방기관이 있다. 아마도 이와 같은 평가를 받는 주요 이유는 국방부 산하 DARPA(국방고등연구기획국) 덕일 것이다. 이 기관의 높은 혁신성과 창조성 덕택에 DARPA를 모방한 유사 연구기관들(HSARPA, IARPA, APRA-E)이 미국 연방정부 여러 산하에 만들어졌다.

　DARPA와 유럽의 혁신공공조달 정책을 비교해보면 둘 다 목표시장의 수요를 매우 중요시 하고 있으며, 정부기관의 네트워크 형성(미국) 또는 다양한 참여자의 참여 유도(유럽)를 위한 조정 역할의 중요성 인식은 유사하다. 반면 두 기관의 차이점을 살펴보면, DARPA는 목표 기술개발에 성공하고 시제품이 완성되면 프로그램이 종료되고 상용화 및 시장출시는 프로그램에 참여했던 기업 또는 다른 기업들의 기술이전 의지에 달린 것으로 본다. 그에 반해 유럽의 혁신공공조달은 연구개발 이외에도 EU 집행부가 개입해 기술개발업체들에게 상용화 자금을 지원하고 조달할 수 있는 공공시장을 확보해주며, PCP_{Pre-Commercial Procurement}와 PPI_{Product Procurement of Innovation}를 연결시켜 상용화를 촉진시키려는 경향을 갖고 있다. 이처럼 유럽이 미국에 비해 정부 차원에서 상용화에 더 많이 개입하는 이유는 유럽이 미국보다 벤처 생태계의 환경이 열악하기 때문이라고 생각한다.

한국의 현황

한국은 유럽과 같은 공공조달정책이나 미국 DARPA와 같은 PM_{Project Manager}제도가 없는 것일까? 이 두 가지 정책 및 제도에 있어서 한국은 어떤 모습을 띠고 있는지 간단히 살펴보고자 한다.

　먼저 한국의 공공조달정책은 철저하게 중소기업을 지원하기 위한 목적으로 활용되고 있는데, 초기에는 무조건적인 '보호' 중심이었지만 최근에는 중소기업의 '기술 혁신 역량 강화'와 병행시키려는 노력을 보이고 있다. 한국의 중소기업 제품 공공구매 규모는 지속적으로 확대되어 공공기관에 의한 중소기업 제품 구매액은 2000년도 36조6,000억 원(57.6퍼센트)에서 2010년 66조9,000억 원(64.1퍼센트)으로 확대되었다. 또한 2010년 말 한국 정부는 '공공부문 동반성장 추진대책(제76차 국민경제대책회의)'을 통해 중소기업 제품 공공구매를 전체 공공기관으로 확대 적용하는 안을 발표했다(국가과학기술위원회, 2011).

한국은 '수요 창출 및 기술 혁신 지원'을 하는 공공구매제도가 있는데, 이를 EU의 혁신형 공공조달정책과 비교해보면 EU의 일반적 공공조달, 즉 혁신이 담겨 있지 않은 중소업체 물품을 구매하는 것이 대부분이다. 그리고 EU의 PPI와 유사한 형태가 한국에서는 중소기업 기술 혁신 지원의 형태로 이루어지고 있으나, PCP와 PPI를 연계하는 형태는 2014년 올해부터 시작된 '상용화 기술 개발로 제작된 제품에 대한 수의계약 허용'이 전부이다. 그리고 성장 가능성이 높은 특정 산업을 지정하는 형태의 공공조달정책 역시 '신성장 산업 제품에 대한 우수조달물품 지정'이라는 제도로 올해부터 시작되었다(국가과학기술위원회, 2011; 기획재정부, 2014).

결론적으로 한국은 신성장 산업(신재생에너지, 바이오, 헬스 등)의 혁신과 수요 창출을 목적으로 한 공공조달 제도는 EU에 비해 그 활용성이 떨어지는 것으로 여겨진다. 특히 PCP와 같이 미래 수요를 보장한 R&D 서비스 조달은 기술 리더십을 확보할 수 있는 기회로서 긍정적으로 활용할 필요가 있다. 그리고 PCP 도입 시 굳이 중소기업에 한정해서 참여를 제한하기보다는 대기업, 대학, 정부출연연, 중소기업 등에 개방해 다양한 형태의 협력을 유도하는 것이 성과를 극대화할 수 있을 것이다.

다음으로, 미국 DARPA에서 행하고 있는 PM제도가 한국에도 존재하는가에 대한 두 번째 질문에 답하자면 한국 공공연구기관은 'PM'이라는 명목상의 제도는 도입하고 있지만 내용을 들여다보면 DARPA의 PM제도와 다르다.

한국 공공기관이 PM제도를 도입하기 시작한 시기는 정확히 알려진 바가 없지만 PM제도를 적극적으로 활용하기 시작한 것은 2004년 정통부가 'IT839전략'을 발표하면서부터이다. 이때 정통부 산하기관인 정보통신연구진흥원IITA에서 IT839전략 분야마다 PM을 선발해 약 스무 명의 PM을 지정했었다. IITA의 PM은 해당분야 기술적 전문성을 바탕으로 정통부 정책수립 시 산학연 등 전문가들과 네트워크를 형성해 분야별 세계 시장 및 기술동향, 산업계 애로 요인 및 정책 수요 등에 대한 자문역할을 수행하고, IT839 분야별 기술기획, 수행관리, 사업화 등의 R&D 전 과정을 책임 관리해 사업 성과를 극대화하는 역할이 부여되었다. IITA의 PM제도 도입 초기에는 자문 역할에서 벗어나 전폭적인 권한 아래 사업을 책임지고 성과를 내는 것을 목표로 삼았었으나, 얼마되지 않아 정통부 폐지 논란이 불거지면서 유야무야 그 역할이 줄어들게 되었다.

한국 공공기관의 PM과 DARPA의 PM의 가장 큰 차이점은 한국 PM에게는 사업의 기획부터 선정, 운영, 관리, 활용 등 전주기를 통제할 수 있는 권한과 책임이 없다는 것이다. 즉, 한국의 PM은 학계, 산업계 전문가로 구성된 위원들에게 기획 단계에서 자문을 구하고 평가 단계에서 객관성을 제고하는 자문위원회 활동과 크게 다르지 않다. 한국국방과학연구소Agency for Defence Development, ADD는 2011년 DARPA와 유사한 조직인 국방과학신기술센터를 설립하기 위해 개방형 직위제 및 겸임 연구원제도를 도입하고, 기술단장을 외부 민간 전문가로 공모하는 등의 시도를 했었다. 그러다 정권이 교체되자 올해 다시 ADD는 국방고등기술원을 설립하고 그 곳에서 창의적·도전적 R&D를 중심으로 미래 전戰을 대비한 신개념·신무기 기술 연구는 물론 민간 신기술과 아이디어를 발굴하는 개방형 연구를 추진한다는 계획을 발표했다(《뉴스포스트》, 2014). 이와 같은 사실을 통해 알 수 있는 두 번째 DARPA와의 차이점은 정권으로부터 조직의 독립성을 확보하기가 힘들다는 것이다. 이러한 이유 때문에 한국 PM은 도전적이고 혁신적인 연구를 추진하기보다 상부의 눈치를 보는 경향이 더 많다. 즉, 한국 공공기관의 PM이라는 직책은 DARPA의 PM에 비해 권한도 거의 없고 고용의 안정성도 없어 매력적이지도 명예롭지도 않게 되었기 때문에 업계 최고의 인재들이 한국 공공기관의 PM이 되기 위해 모이는 일은 거의 없다고 볼 수 있다.

정책 제안: 공급 지향형에서 수요 지향형 산업 정책으로

한국이 향후 신산업 분야에 대한 주도권을 유지 및 확보하는 데 있어서 신산업 정책 형태의 새로운 정부 정책이 요구된다. 즉, 과거의 기술공급 지향형 산업 정책에서 유럽식의 혁신 조달형, 즉 수요 지향형 정책으로의 이행이 필요하다. 과거 한국에서는 이미 입증된 기술의 상용화를 위해 민관이 공동연구개발을 하는 것이 위주였다면 향후에는 시장불확실성을 해결하기 위한 유럽형의 혁신조달정책이 필요하다. 이미 유럽에서는 공공기관의 에너지 및 플라스틱 조달에 태양광과 바이오플라스틱의 사용을 의무화해 국내 수요를 창출하고 있다. 한국에서 유럽형 혁신조달정책을 실시할 경우 PCP, 즉 상업화 이전 단계에서는 많은 자본력이 필요한 응용기술개발을 위해 대기업, 대학, 정부출연연구소 등 모두에게 참여가 허용되는 컨소시엄 방식으로 R&D서비스를 책임지도록 하고, 이 결과물을 상업화하는 PPI 단계에서는 직접적 결과물에 한해 중소기업에게 우선 실시권을 부여하는 방식이 적절하다 하겠다. 신산업정책의 다른 방식은 미국형 DARPA 방식이라 할 수 있다. 즉, DARPA형의 PM 제도는 신기술 추진에 대한 기획과 예산을 전문가에게 맡김으로써 고위험, 고성과, 돌파형 기술이 창출될 수 있도록 한다는 점에서, 과거 선진국 모방형 및 위험 회피형 기술 위주로 가던 한국이 향후 모색해야 할 방식으로서 매우 유용하다.

참고문헌

Aghion, Phillippe, Boulanger, Julian and Cohen, Elie(2011), "Rethinking industrial policy". *Bruegel Policy Brief*, Issue 4. p.1~8.

Lee, Keun(2013), *Schumpeterian Analysis of Economic Catch-up: Knowledge, Path Creation, and the Middle-income Trap.* Cambridge: Cambridge Univ Press.

Lundvall, Bengt-Ake(1992), *National System of Innovation: Toward a Theory of Innovation and Interative Learning.* London: Pinter Publishers.

Schumpeter, Joseph(1934), *Theory of Economic Development: An Inquiry into Profits, Capital, Credit, Interest, and the Business Cycle.* New Jersey: Transaction Publishers.

Wade, H. R.(2012). "Return of industrial policy?" International Review of Applied Economics, 26(2), p.223~239.

국가과학기술위원회(2011), 『수요기반의 과학기술혁신정책 조사 및 분석』, 국가과학기술위원회.

기획재정부(2014). 『2014년도 국가계약제도 이렇게 달라집니다』, 기획재정부.

《뉴스포스트》(2014), "국방과학연구소 국방고등기술원 신설 등 조직 재정비," 윤성호 기자, 2014년 1월 22일자 기사(http://www.newspost.kr).

대표 저자

이근(李根)

현재 서울대학교 경제학부 교수이자, 서울대 경제연구소장이다. 서울대 경제학과를 졸업하고, 미국 캘리포니아 대학(버클리)에서 경제학 박사를 취득했다. 현재 (사)경제추격연구소장, 기술경영 경제학회장, 유엔본부 개발정책위원회 위원, Globelics 이사 등을 맡고 있으며, 주 연구 분야는 경제추격론, 기업조직, 기술혁신, 산업정책, 중국 및 북한 등이다. 기술경제 분야의 대표 국제 학술지인 Research Policy의 공동편집인이며, 한국인 경제학자로는 최초로 영국 캠브리지대학 출판사에서 단독저서 『Schumpeterian Analysis of Economic Catch-up: 2013/11』를 출판했고, 이 책으로 국제슘페터학회에서 주는 슘페터상을 비서구권 대학 소속 교수로서는 처음으로 수상했다.

박태영(朴泰暎)

현재 한양대학교 경영학부 조교수이다. 한양대 경영학과를 졸업하고, 한국과학기술원(KAIST)에서 경영학 박사를 취득했다. 한양대에 오기 전에는 KPMG 컨설팅과 ㈜기술과 가치에서 경영전략과 기술정책 컨설팅 업무를 했으며, KIST 유럽 연구소에서 R&D 국제협력정책업무를 담당했다. 주 연구 분야는 개도국의 기술추격, 기업의 기술혁신전략, Sectoral Innovation System, 복합제품시스템CoPS혁신, 사용자창업 등이다. 한국기업의 성공적인 기술추격 및 기술혁신전략을 주제로 한 다수의 논문을 World Development, Industrial and Corporate Change, IEEE Transaction on Engineering Management, Development Policy Review, Asian Journal of Technology and Innovation 등 국제저명학술지에 단독 또는 공저로 출판했다.

공동 저자(가나다 순)

강승원(신한금융투자 리서치센터)
기지훈(서울대학교 경제학부 박사과정)
김재우(서울대학교 법학전문대학원)
김지나(보건복지부 국민연금재정과)
박동현(회계사/산업은행)
신동오(삼성증권 리서치센터)
유형세(기획재정부 행정사무관)
이걸희(前 한화투자증권 갤러리아지점)
이수정(한국투자증권 리서치센터)
임동진(성균관대학교 국정관리대학원)
최문성(기획재정부 국제금융정책국 행정사무관)